MW00416740

Nitza Viader

Devocionario

GENERACIÓN
DE BARRO

No se autoriza la reproducción de este libro ni partes del mismo en forma alguna, ni tampoco que sea archivado en un sistema o transmitido de manera alguna ni por medio electrónico, mecánico, fotocopia, grabación u otro sin permiso previo escrito por la casa editora con excepción de los derechos de autor en los Estados Unidos de América.

A menos que se indique lo contrario, el texto bíblico ha sido tomado de la Versión Reina Valera [©]1960, Sociedades Bíblicas en América Latina; [©] renovado 1988 Sociedades Bíblicas Unidas. Utilizado con permiso. Reina Valera es una marca registrada de la American Bible Society y puede ser usada solamente bajo licencia.

Copyright [©] 2018 por Nitza Viader
Todos los derechos reservados

Revisada por: Profesora Rosa M. Figueroa
Diseño de portada por: Lee Vicent
Dibujos: Lourdes Alvira

Catalogación de la Biblioteca del Congreso: 657-490-0111
Primera edición 2018

Devocionario

Generación de Barro

por

Nitza Viader

Dedicatoria

A ti, mi amado Dios,
Que cada madrugada me acompañas guiando cada letra,
cada pensamiento, cada analogía, pero, sobre todo, siendo
el protagonista de vida. Gracias por ser mi compañero del
camino. Te amo.

A Papi,
Su amor, dedicación y esos ratos tan nuestro dejaron
huellas en mi vida. Gracias por enseñarme el verdadero
valor de las cosas. A no rendirme, y a confiar en Dios.

A mis Hijos,
Ellos fueron el motor, que Dios utilizó, para no rendirme.

A mis Nietos,
En ellos veo la recompensa de no haberme rendido. En
cada uno de ellos veo el reflejo de Dios.

A cada uno de los que me motivaron para continuar este
proyecto,
Pusieron un granito de arena para completar este
devocionario.

Introducción

Cántaro o vasija de barro

Cuando hablamos de cántaro, nos estamos refiriendo a un envase, por lo general, de barro mezclado con otro metal. Su boca es pequeña en comparación al resto del envase. Este envase sirve para preservar el agua y algún otro líquido.

Al meditar en la definición de la palabra cántaro, el Señor me llevaba a que tú y yo fuimos creados o formados del polvo de la tierra. Fuimos creados con sus manos, somos envases hechos por Él, para Él derramar su gloria en nosotros.

El depósito más grande que Él nos dio al crearnos fue, que a través de su Espíritu nos dio vida. Somos responsables de aquello que dejamos entrar a nuestra vasija, sea bueno o sea malo. Aquello que, a través de los sentidos, permitimos que entre a nuestro envase podrá convertirse tanto en bendición como en maldición. Esto debido a que lo que entra llega a nuestro espíritu, tocará nuestra alma, y afectará de forma directa nuestra vida espiritual.

Dios tuvo a bien darme una serie de mensajes en los cuales el cántaro aparece como personaje silencioso. Interesante y fascinante. Existen, exactamente, siete escenas bíblicas en las que el cántaro es parte principal de lo que está aconteciendo.

A cada una le dimos un nombre. Digo le dimos porque fui guiada por su Espíritu para recrearme en cada escena. Deseo compartir con ustedes cada enseñanza que obtuve. Es por eso, que, a través de Generación de Barro, hallarás insertada cada enseñanza obtenida. Espero que cada cántaro sea bendición a tu vida como lo fue a la mía.

Nitza Viader

Acompañados en el Desierto

Texto: *Mateo 4:1 "Entonces Jesús fue llevado por el Espíritu al desierto, para ser tentado del diablo"*

Recuerdo que hace un tiempo atrás una joven adulta expresó que se hallaba en un gran desierto espiritual. Creo que todos en algún momento de nuestras vidas nos hemos sentido igual. Tuvimos una interesante conversación, vía texto. Mi comentario fue el siguiente: "Coteja bien y mira alrededor del desierto en qué estás. Por alguna parte yo debo estar. Encontrémonos y caminemos juntas por el desierto".

Cuando hablamos de desierto, estamos hablando de zonas áridas, con poca lluvia, temperaturas extremas y poca flora. Caminar a través del desierto te puede provocar espejismos, (ver cosas que no son), hasta puedes llegar a delirar. Por tanto, cuando entramos a los desiertos en nuestra vida espiritual, creemos estar solos. Probablemente llegamos a pensar que moriremos en el intento de cruzar el mismo.

Ese pensamiento fue parte de mi vida hasta que alguien, (no recuerdo su nombre), me hizo ver o estudiar detenidamente Mateo 4:1. Léelo y subráyalo: "Entonces Jesús fue llevado por Espíritu al desierto." Aprendí que cuando entro a los desiertos de mi vida no estoy sola. El

Espíritu Santo ya me estaba esperando para andar conmigo por el desierto. Yo llevo a Jesús al desierto conmigo y, de esta misma forma, Él me ha llevado a mí a los desiertos de mi vida. No me ha dejado sola.

Muchas veces en nuestro caminar podemos sentir que estamos solos. Tal vez nos podemos sentir sin fuerzas para continuar, y puede que veas que todas las puertas se cierran a tu paso. No te desanimes. Tengo que decirte que no estás solo. El Espíritu Santo que llevó a Jesús al desierto, fue el mismo que te llevó a tu desierto. De la misma manera en que confortó, cuidó y fortaleció a Jesús en su desierto, de esa misma manera está en el tuyo, cuidándote, confortándote, y fortaleciéndote. No te llevó al desierto para perecer, sino para fortalecer tu relación con el Padre.

Es en el desierto donde vemos la poderosa mano de Dios obrando a nuestro favor. Es en el desierto que, el Espíritu Santo nos llena de su gracia, presencia y, sobre todo, nos reviste de la armadura de Dios para poder resistir. El Espíritu Santo te da poder no solo para resistir, sino para poder testificar de las grandezas de Dios. Si hoy, como muchas veces yo me he sentido, estás en un desierto y crees que vas a desmayar, llama, clama y reclama sus promesas.

Verás como el Espíritu Santo se hace presente en tu vida. Que seas lleno de la presencia de Dios.

Hablando con el Alfarero

Señor, muchas veces me he sentido solo(a) en mis desiertos, pero hoy he aprendido que siempre has estado a mi lado. Aumenta mi fe cuando crea que voy a morir en el desierto. Gracias, porque estás a mi lado en mis desiertos. En el nombre de Jesús. Amén.

Cinceladas del Alfarero

¿Qué te dice el Señor a través de los siguientes textos?:
Salmo 27:10

_____

_____

_____

Salmo 34

_____

_____

_____

Amigos

Texto: *Juan 15:15 "Ya no os llamaré siervo, porque el siervo no sabe lo que hace su Señor: más os he llamado Amigos"*

Jesús le dio gran importancia al concepto de la amistad. Ni siquiera dijo que nos llamaría hermanos sino, amigos. Creando de esta forma un lazo fuerte entre las personas más allá del lazo sanguíneo. Los hermanos no los escoges. Te los da la vida. Los amigos tú los eliges y con el tiempo se convierten en algo más que hermanos. Hemos dejado de cultivar buenos amigos. Aquel que en el momento de aflicción está a tu lado, igual que cuando estás en bendición. Aquel que se gozó con tus triunfos, pero llora, y te abraza en tu dolor.

En mi travesía o peregrinaje por esta tierra, Dios me ha dado grandes amigos. Recuerdo que mi papá decía: "Nena, los amigos se cuentan con los dedos de una mano y te sobran" pero, en mi vida no ha sido así. Al contrario, son muchos los que han dicho presente cuando más los he necesitado y, los que se han gozado en mis triunfos. También los que me regañan y me dicen lo que no deseo oír, pero, es lo que me conviene escuchar. Gracias a todos por convertirse en mi familia extendida. Gracias, porque cuando río, ríen conmigo, cuando me da ira, me hacen reflexionar, cuando lloro, lloran conmigo y me levantan las manos cuando más lo necesito.

Volvamos a cultivar amigos. Proverbios 18: 24 nos dice que "el que ha tener amigos, a demostrarse amigo". Recuerda Jesús desea ser tu amigo hoy.

Hablando con el Alfarero

Señor Gracias por; _____, _____,

_____, _____, _____.

(Escribe los nombres de aquellos que consideras que son los amigos que Dios te ha regalado)

Porque los pusiste en mi camino y se han convertido en más que amigos, hermanos. En el nombre de Jesús, Amén.

Cinceladas del Alfarero

Enumera aquellos que tú puedes considerar tus amigos. Si no tuvieses amigos, pídele al Espíritu Santo que a tu vida añada amigos lavados por la sangre del Cordero. Da gracias por los que ya tienes.

1.   3.

2.   4.

Aprendiendo

Texto: *Juan 16:13 "pero cuando venga el Espíritu de verdad, él os guiará a toda verdad: porque no hablará de sí mismo, mas todo lo que oyere hablará; y las cosas que han de venir os hará saber"*

Soy maestra de enseñar a conducir. Cuando tengo que atender a una estudiante nueva, sé que esa primera clase conlleva mucha psicología. Los estudiantes no me tienen confianza. Tampoco conocen el carro. Esta chica era diferente. Solo le daría una clase, ya que su mamá lo único que deseaba era que yo le enseñara el área de examinarse para conducir.

Nos dispusimos a realizar la tarea. La cara de susto y de incredulidad no se borraba de su rostro, pero sí estaba atenta a todas las instrucciones. Al llegar al área de estacionamiento su rostro valía un millón. No lo verbalizaba, pero su mirada era como si dijera: "¿Estás segura?" Obvio que no le salió de la primera ocasión, pero a medida que lo practicamos, ella se fue perfeccionando. Ella se fue satisfecha por lo aprendido y yo, por lo logrado.

En muchas ocasiones nosotros nos comportamos igual ante la guía del Espíritu Santo en nuestras vidas. El Espíritu Santo nos da instrucciones y pensamos ¿"seguro"? Recuerda que, cuando estamos en ángulos diferentes, el camino a recorrer se verá diferente. Es, entonces, que, al igual que mi estudiante, yo tengo que confiar en las instrucciones del Espíritu Santo.

Dentro de mi humanidad y de primera intención, no hago como el Espíritu Santo me dice. Por eso no logro el objetivo, pero al igual que mis estudiantes, voy discerniendo su voz y voy siguiendo instrucciones. Sé que solo entonces, todo saldrá bien.

He aprendido que, aunque no entiendo sus instrucciones, las sigo. Cuando hago caso a su voz no fracaso, sino que paso el examen. Hoy te invito a sacar tiempo para escuchar la voz de Dios, pero sobre todo que entiendas que seguir sus instrucciones traerá bendición a tu alma. El Espíritu Santo no solo te quitará, Él te sorprenderá.

Saldrás satisfecho(a) después de haber seguido sus instrucciones y Él te dirá: "Bien buen siervo, en lo poco fuiste fiel, en lo mucho te pondré." (Mateo 25: 21,23)

Hablando con el Alfarero

Señor, hoy te doy gracias por la promesa del Espíritu Santo en mi vida. A veces no sé distinguir su voz. Te pido que me des discernimiento para que entre, miles de voces que

13

retumban en mi oído, yo pueda discernir el glorioso sonido de tu voz. En el nombre de Jesús. Amén.

Cinceladas del Alfarero

¿Cómo discernir la voz del Espíritu Santo? Estudia los siguientes versículos:

Josué 1:9

_____

_____

1 Juan 2:6

_____

_____

Efesios 6:18

_____

_____

Hebreos 4:12

_____

_____

1 Juan 1:9

_____

_____

Barro

Texto: *Jeremías 18:4 "Y la vasija de barro que él hacía se echó a perder en sus manos..."*

Hoy pensaba en el barro. He tenido la oportunidad de llevar una dinámica con barro a diferentes iglesias. Me gusta mucho la creatividad de las personas. Yo le doy el barro, y ellos sencillamente de acuerdo a las instrucciones, crean. Lo he dado a niños, jóvenes, adultos y grupos de diferentes edades a la misma vez. Es interesante ver cómo ellos amasan el barro para ablandarlo y luego crear una pieza única.

Siempre me remonto al Edén. Intento recrear la escena donde Dios formó al hombre del polvo. No sé si no lo sabían, pero el polvo es comparado con el desperdicio de la tierra y de ese desperdicio, Él formó algo maravilloso que se llama ser humano y lo hizo una pieza única. Es por eso que, cuando nadie me entiende o algo está funcionando fuera de orden en mi ser, corro a la presencia de mi artesano. Él me hizo una vasija única. Él sabe cómo restaurarme. Saben, siempre que corro a su presencia porque siento que mi vasija se quiebra, Él vuelve a tomarme en sus manos. Me da nueva forma y me llena de su gracia. Si sientes que tu vida se quiebra, corre a su presencia. Recuerda que Él te creó, sabe darte una nueva forma.

Hablando con el Alfarero

Mi vasija ha sido quebrada. Siento el dolor del quebrantamiento. ¡Oh!, Alfarero dale forma a mi vasija. Soy barro en tus manos. Por favor, no me sueltes hasta que me hayas dado la forma que te parezca mejor a ti hacer. Restáurame y dame forma. Solo así seré una vasija de honra. En el nombre de Jesús. Amén.

Cinceladas del Alfarero

Haz una lista de tres áreas de tu vida que deseas poner en las manos del Alfarero para que este le dé forma. Luego entrégalas en adoración y alabanza.

1._____

2._____

3._____

Bonsái

Texto: *Salmo 1:3 "Será como árbol plantado junto a corriente de aguas..."*

Bonsái. Aquellos que nos gusta la agricultura, la siembra y, para los que admiramos la naturaleza, en algún momento nos hemos quedado admirados con los bonsáis. Estos requieren un cuidado especial. Su costo en el mercado es altísimo, pero la belleza de un Bonsái es incalculable.

Un día le pedí a un grupo de jóvenes que dibujarán el árbol que les gustaría ser. Luego tendrían que explicar por qué habían escogido dicho árbol. Recuerdo aquel joven, que hoy es un adulto, dibujo en el borde de la página un pequeño árbol. Era que no tan pequeño que, casi no se podía ver. ¿Qué explicación daría sobre su diminuto árbol?

Una vez más estaba a punto de recordar una gran lección. El joven comenzó a hablar y, obvio, lo primero que dijo fue: "Yo deseo ser un bonsái porque este (el bonsái) siempre está en las manos del agricultor. El agricultor que siempre lo está cuidando y dándole atenciones especiales. Cada día le quita aquello que no le conviene. Es, por esto, que quiero ser un bonsái. Quiero estar en las manos de mi Dios."

En mi mente pasaron muchas imágenes porque había estudiado sobre el cuidado del bonsái. De hecho, es tanto el cuidado que necesita, que nunca he cultivado uno por temor de que muera en mis manos; pero había una lección aprendida.

En las manos del agricultor tendré cuidados especiales. Cortará mis raíces, aquello que me impida crecer como debo. Su atención será individualizada y, sobre todo, por tener sus cuidados y estar en sus manos tendré un valor único.

¿Qué árbol deseas ser? Desde entonces, yo deseo ser un bonsái. Fuera de sus manos no sé qué hacer.

Hablando con el Alfarero

Señor, deseo siempre estar en tus manos, sé que cortarás aquello que me impide hacer tu voluntad, pero, también sé que en tus manos tu Espíritu Santo nutrirá mi vida. En el nombre de Jesús. Amén.

Cinceladas del Alfarero

¿Qué árbol deseas ser?

_____

Te invito a que en el espacio provisto dibujes el árbol que deseas ser.

Camino recorrido

Texto: *1 Corintios 3:6 "yo planté, Apolos regó, pero el crecimiento lo ha dado Dios"*

Recordar un camino recogido, me ha dejado ver cuán cercano ha estado Dios de mi lado. El ver que otros, que recogieron el camino conmigo, han visto a Dios en mi vida, me llena de regocijo. Esto me acerca más a su presencia, y aumenta mi fe.

He pasado muchos momentos de tormentas y de grandes dificultades. Muchos me han dejado porque no han podido entender los procesos de Dios en mi vida. Entre nosotros, yo tampoco he entendido mucho, pero le alabo porque sé que al salir de cada proceso se irá formando en mí el carácter de Cristo.

Han sido muchos los momentos en que solo su mano me ha sostenido. Que en el silencio de la prueba he escuchado su voz susurrarme: "no te dejaré, ni te desampararé (Hebreos 13: 5b)."

En ocasiones me ha dejado ver el fruto de mi aflicción. Un ejemplo de esto lo fue uno de mis estudiantes, que ahora es todo un hombre, tuvo a bien comunicarse conmigo. Después de mucho tiempo me relató cómo en el salón de clase Dios trabajó con su vida y, cómo todavía aquel tiempo de siembra está dando fruto en su vida.

Recordé un viejo himno aprendido en mi niñez: "Sembraré, sembraré mientras viva dejaré el resultado al Señor…" También recuerdo que la palabra registra que dice: "Irá andando y llorando el que lleva la preciosa semilla; mas volverá a venir con regocijo trayendo sus gavillas (Salmo 126:6)."

No sé si el desánimo ha tocado a tu puerta. Si fuese así, corre a su presencia y pídele que te dé nuevas fuerzas. Un día, el menos esperado recibirás una llamada y, verás cómo ha dado fruto lo que has sembrado. No porque yo lo diga si no, porque Él (Jesús) lo dejó establecido en su palabra y Él (Jesús) no puede mentir.

Hablando con el Alfarero

Señor, hoy voy ante tu presencia pidiéndote por aquellos que le faltan las fuerzas y están a punto de claudicar. Te pido una visitación especial de fortaleza y que les permitas ver el fruto de su aflicción para que recobren ánimo. Espíritu de Dios, visítalos en esta hora. En el nombre de Jesús. Amén.

Cinceladas del Alfarero

Pídele al Espíritu Santo que traiga a tu memoria aquellas peticiones que en tu peregrinar has visto contestadas. Luego en el espacio provisto enuméralas.

1. _____
2. _____
3. _____
4. _____
5. _____

Ahora haz una lista de aquellas que te faltan por ver su cumplimiento.

1. _____
2. _____
3. _____
4. _____
5. _____

Luego medita en ambas. Repasa el primer listado y, adora. Ya que en ese listado estás palpando su fidelidad. En el primer listado estará contigo hasta que sea el tiempo de cumplimento del segundo listado.

Caminos y Veredas

Texto: *Juan 14:6 "Jesús les dijo; Yo soy el camino y la verdad, y la vida..."*

Soy la menor en casa, por eso tuve el privilegio de que cuando mis hermanos estaban en la escuela, podía ir a casa de abuelo en carro público con mami. ¿Se sorprenden?, ¡pues así era! Recuerdo llegar a la plaza del pueblo, y caminar hacia casa de abuelo. Siempre me gustó el camino porque a ambos lados había árboles de almendro. Su sombra nos cobijaba y recogía uno que otro fruto. Además, su sombra nos protegía del sol. El viento daba y movía el árbol, aunque usted no lo crea, el árbol silbaba. Era como si anunciara que venía lluvia, pero yo sabía que la vereda que había sido creada por los árboles me anunciaba que estaba llegando a casa del abuelo. Recuerdo que, al llegar al camino de almendros, mami me soltaba y podía correr y saltar.

En nuestra vida espiritual hay caminos y veredas que Dios ha preparado para nosotros pasar y que podamos llegar, no a casa del abuelo, sino a casa de nuestro Padre Celestial, y disfrutar de su presencia. A veces el camino lo vemos tan difícil porque sencillamente no nos detenemos a disfrutar de él y, ver como hasta ahora, Dios nos ha protegido y provisto para que no sintamos la fatiga del camino. Sé que, tal vez por agotamiento de la prueba, has dejado de sentir Su presencia, pero qué hermoso cuando vas ante Su gracia y su Palabra te dice: "nos os dejaré huérfanos, os mandaré otro consolador" (Juan 14 6). Ese consolador está en nosotros y sobre nosotros y cuando caminamos, Él abre camino y nos da sombra, para que el sol no nos queme; pero también cuando se avecina el mal tiempo, nos silva para que estemos preparados. Hay una promesa de parte de Dios y es que el Espíritu Santo estará con nosotros todos los días hasta el fin del mundo. Mami entraba a la vereda de almendros ansiosa por llegar a casa de abuelo. Yo jugaba y disfrutaba del camino. Las dos llegábamos al mismo lugar, pero con diferente actitud. Y tú, ¿cómo irás por tu camino a casa: adorando o refunfuñando?

Hablando con el Alfarero

Señor, solamente deseo darte las gracias, porque a través de la sangre derramada por tu hijo Jesús, se abrió un camino para llegar a ti. Su muerte (Jesús) quitó todo impedimento para que llegáramos a tu hogar. Gracias, Señor. En el nombre de Jesús, Amén.

Cinceladas del Alfarero

Nuestro pecado cerró el camino que nos daba acceso al Padre. Jesús derramó su sangre para que el camino volviera abrirse y regresáramos a casa. Hoy te invito a que por unos minutos medites en el evangelio de Juan 14. En el espacio provisto enumera aquellas promesas que descubras a través de su lectura que te ayudan a volver a retomar el camino a casa.

1. _____

2. _____

3. _____

4. _____

5. _____

Comiendo a su mesa

Texto: *2 Samuel 9:7 "...Y tú comerás siempre a mi mesa"*

Meditando en este pasaje recordaba el Salmo 23 cuando David decía... "aderezas mesas delante de mí en presencia de mis angustiadores..." David sabía lo que era sentarse a la mesa con el Rey (Dios). Fueron muchas las batallas físicas y emocionales que David tuvo que liberar, pero, David sabía en quién había creído. Él comía a la mesa del Rey. Comer de la mesa del Rey es buscar continuamente de su presencia, gustar de su gracia y compartir sus más íntimos secretos. Esto incluye tus temores, tus frustraciones y tus sueños.

Ahora vemos a un David con deseos de hacer misericordia. Misericordia de la cual él había disfrutado en la mesa del Rey. Decidido a dar de gracia lo que por gracia había recibido.

Le llega el turno a Mefiboset, hijo de Jonatán, que al salir huyendo de palacio se cayó y esto le causó su invalidez. En muchas ocasiones Dios ha preparado la mesa para que gustemos de su presencia y, hemos salido de palacio a tomar nuestro propio destino. Esto ha hecho que, al igual que Mefiboset, nuestra vida espiritual se tronche, se detenga. Miramos nuestra limitación y pensamos que jamás volveremos a sentarnos a gustar de los manjares del Rey.

Que hermoso es saber que Dios no mira mi limitación, sino que Él ve su poder actuando a nuestro favor. Nosotros vemos lo que nos detiene. Él ve el poder, el poder del que actúa a nuestro favor, si decidimos obedecer. Nosotros vemos nuestro fracaso, Él ve oportunidades de manifestar su gloria. Nosotros nos enfocamos en nosotros mismos. Él ve en nosotros la sangre de su hijo actuando a nuestro favor. Mefiboset nunca pensó que volvería a sentarse a la mesa del Rey. Creo que muchos hemos pensado igual que Mefiboset, por las malas decisiones que hemos tomado, pero Dios ha hecho provisión.

Aquello que para ti hoy es una limitación, debe convertirse en la bendición de sentarse a la mesa del Rey y disfrutar de su presencia. Acércate a la mesa del Rey con tus limitaciones. Él hizo provisión a través de la sangre de su hijo. Él se complace en invitarte a la mesa. Tú decides gustar de su presencia.

Hablando con el Alfarero
Señor mis limitaciones no me dejan gustar de tu presencia. Ayúdame hoy a no enfocarme en mis limitaciones, sino en

tu provisión a través de la sangre de Jesús. Hoy quiero sentarme a la mesa contigo y disfrutar de tu presencia. En el nombre de Jesús. Amén.

Cinceladas del Alfarero

Si estuvieras a la mesa del Rey... ¿De qué cosas hablarías con Él?

_____

_____

_____

_____

_____

¿Qué te impide acercarte a la mesa y comer con el Rey?

_____

_____

_____

_____

_____

1ra Cántaro de la promesa

Texto: *Génesis 24: 15-20 "Y aconteció que antes que él acabase de hablar, he aquí Rebeca, que había nacido a Betuel, hijo de Milca mujer de Nacor hermano de Abraham, la cual salía con su cántaro sobre su hombro. Y la doncella era de aspecto muy hermoso, virgen, a la que varón no había conocido; la cual descendió a la fuente, y llenó su cántaro, y se volvía. Entonces el criado corrió hacia ella, y dijo: Te ruego que me des a beber un poco de agua de tu cántaro. Ella respondió: Bebe, señor mío; y se dio prisa a bajar su cántaro sobre su mano, y le dio a beber. Y cuando acabó de darle de beber, dijo: También para tus camellos sacaré agua, hasta que acaben de beber. Y se dio prisa, y vació su cántaro en la pila, y corrió otra vez al pozo para sacar agua, y sacó para todos sus camellos."*

Dios había prometido a Abraham una gran descendencia. Isaac era el hijo de la promesa, por lo tanto, cualquiera no podía ser la esposa de su hijo. Ante una gran promesa, había una gran responsabilidad.

Dios nos ha dado una promesa. Él ha pactado con nosotros. A veces creemos que Él ha olvidado lo prometido, pero Él solo está esperando el momento oportuno y que estemos preparados para recibir las promesas que Él nos puso en las manos.

Las promesas de Dios siempre son en Él sí, amén, pero las mismas están acondicionadas a nuestra obediencia. Cada promesa de Dios fue sellada con la sangre de Cristo en derramada en la cruz del calvario, aunque sus promesas son selladas con su sangre nosotros tenemos que accionar para el cumplimiento de las mismas.

Detengámonos un momento en el verso 26. Observemos el detalle que la joven vació su cántaro en la pila. Escurrió el agua que quedaba para llenar el cántaro con agua fresca. Esta escena nos enseña que, aunque en unos momentos de nuestras vidas hayamos sido llenados con el agua de su Espíritu, tenemos que ser vaciados para ser vueltos a llenar. El agua vieja puede contaminar la nueva que Dios desea depositar en nuestras vasijas.

Esto me acuerda cuando el Señor hablaba de que vino nuevo no podía ser echado en odres viejas (Mateo 9:17) y cuando nos hablaba que un poco de levadura leuda toda la masa (1Corintios 5:6).

En muchas ocasiones tenemos que ir ante su presencia y vaciarnos. Necesitamos volver a llenarnos de vino nuevo, refrescante para que se cumpla el propósito que Dios tiene para nuestras vidas.

Dios te ha dado una promesa y ha hecho pacto contigo. Es posible que hasta este momento no hallas visto su cumplimiento, pero eso no quiere decir que Dios no habló. Es que, así como el alfarero tiene en sus manos la vasija de barro y le está dando forma, Dios te tiene en sus manos formando tu vasija. Quitando lo que tenga que quitar para cuando vierta el agua fresca no se desperdicie, ni se contamine.

Recuerda eres cántaro de promesa.

Cuidado de Dios

Texto: *Salmo 91:11-12 "Pues a sus ángeles mandará acerca de ti, que te guarden en todos tus caminos. En las manos te llevarán para que tu pie no tropiece en piedra."*

Uno de mis estudiantes me hizo recordar como Dios guardó mi vida. Fue una noche que regresaba de visitar enfermos en el hospital. Papi me había prestado un jeep. Como nunca lo había guiado no sabía que esos carros eran sumamente livianos. Que los mismos podían volcarse con facilidad.

Yo vivía en el campo. En un área montañosa. Recuerdo aun aquella bajada, el carro desarrolló mayor velocidad de la que llevaba. Me asusté y cometí el error de frenar de cantazo o de golpe. El carro no tardó en barrerse. Lo único que podía ver era un pastizal, y que iba rumbo a un pequeño risco.

Ese día andaba con dos de mis hijos. Ambos estaban dormidos. El carro se volcó y quedó pillada la puerta del chofer. El área en que esto ocurrió era solitaria, oscura y peligrosa. Fue entonces cuando rompí en llanto.

No sé de donde aparecieron aquellos hombres. Sacaron primero a mis hijos y luego me ayudaron a salir. Luego decidieron entre todos levantar el carro y tratar de sacarlo del "mini" barranco en que cayó.

En mi mente quedó grabado el rostro, y los gritos de uno de los hombres que intervinieron en este proceso. Cuando levantaron la unidad, él me miró a los ojos y gritaba fuertemente y repetidamente. "Dios está aquí".

Yo no entendía el porqué de la histeria y el grito de él, hasta que observé mi auto. El jeep no había sufrido ningún daño. Solo el espejo retrovisor, pero no tenía ni abolladuras, ni raspones.

Hace poco me ocurrió un evento similar. Una mujer invadió mi carril. El impacto fue tal que me mandó al paseo. Sentí temor y no deseaba ver el daño. Cuando pasé el susto y me bajé para ver qué daño había sufrido mi vehículo, solo tenía una pequeña abolladura.

Sí, hay alguna lección aprendida en estos dos eventos de mi vida con una diferencia de más de 20 años entre uno y el otro y es que mi vida está escondida en Cristo. Que ninguna arma forzada prosperará. Que mis días pertenecen al Señor. Solo Él sabe cuándo me llamará a su presencia.

Una vez más preservo mi vida. Vamos, piensa, cuántas veces Él te ha guardado y verás su mano poderosa en tu situación hoy, no desmayes, Él cumplirá su propósito en ti. Él jamás abandona la obra de sus manos. Descansa.

Hablando con el Alfarero

Gracias Señor, porque tu guarda mi caminar, y me libras de peligro. En el nombre de Jesús, Amén.

Cinceladas del Alfarero

Te invito a meditar en el Salmo 121 y en el Salmo 118, luego, si deseas comparte cómo has visto a Dios guardando tu vida.

Dando fruto

Texto: *Gálatas 5:22 "Mas el fruto del Espíritu es…"*

Cada árbol frutal tiene un mes diferente del año para dar frutos. Sí, exacto. Cuando uno está dando fruto, el otro se está preparando para parir. Si nos orientamos a la hora de sembrar, podemos tener frutos todo el año. Abuelo tenía de todo en la finca. No solo árboles frutales, sino una que otra gallinita o cerdito. En las reuniones de familia casi todo se había cultivado o criado en casa. Recuerdo que, aun para dar sabor a los guisos, solo hacíamos un recorrido por la finca. Había de todo para que tuviéramos un rico sabor en los guisos.

Pienso que nuestra vida espiritual debe ser igual. Si al recibir al Señor, como Salvador, recibimos al Espíritu Santo y con él las semillas de los frutos de espíritu. Cada día se nos presentan situaciones para que desarrollemos estos frutos. Cada área de nuestra vida debe ser desarrollada hasta que vea a Cristo en nuestras vidas. Es por eso que, cuando toque a tu puerta cualquier situación, antes de actuar, piensa. Sí, piensa qué fruto del espíritu tengo que desarrollar hoy. Paciencia, amor, misericordia, bondad, fe, templanza o quizás Dios me está llevando a ser más humilde o a aprender a esperar en El. Hoy mantén la calma. Dios está trabajando contigo.

Hablando con el Alfarero

Señor, sé que en mi ser fue sembrada la semilla de tu carácter en mi corazón. Hoy vengo ante ti, para que a través de tu Espíritu Santo abones y nutras mi alma de tal forma que el carácter de Cristo sea reflejado en mí. En el nombre de Jesús. Amén.

Cinceladas del Alfarero

Medita en la porción bíblica de Gálatas 5:19-26. Después de haber meditado he encontrado que la semilla de _____ necesita ser abonada por tu Espíritu Santo. Sé que para que esa semilla germine en mí tengo que entregar _____ esta área de mi vida, para que tu Espíritu Santo pueda dar cinceladas en mi corazón endurecido y yo pueda dar más fruto.

Depósito

Texto: *2 Timoteo 1:14 "Guarda, pues, el buen depósito por el Espíritu Santo que habita en nosotros"*

Depósito, depósito, depósito... Mientras meditaba 2 Timoteo 1, tuve que detenerme ante esta palabra. En mi mente veía filas de gente en los bancos para depositar o para preguntar si su depósito entró. Vi a otros frente a su computadora cotejando sus cuentas.

Pasaban por mi mente los diferentes tipos de cuentas bancarias que existen. No solamente las de uso diario, sino también para el famoso retiro. A estas se le añaden los seguros de vida que, a propósito, solamente son efectivos si te mueres. Nunca lo he entendido, pero al fin y al cabo la gente necesita seguridad, y deposita en aquello que entiende que le dará seguridad o estabilidad.

Cada cual, si es una persona responsable, estará al día con relación a los términos y beneficios que ofrece cada banco antes de abrir sus cuentas. Hoy vemos la triste realidad del colapso de algunos bancos y otras instituciones han tomado la cartelera de inversiones. Más sencillo, es que los bancos se han fusionado.

Ahora cabe preguntar, ¿En qué banco espiritual estás depositando tu alma? Algunos, por no pensar y aliviar su dolor, hacen filas y filas en los bancos de los vicios. Necesitan urgentemente un préstamo de licor, droga, juegos de azar, sexo y aunque usted no lo crea, excesos de estudios. Las personas depositan en cualquier cosa que de una forma u otra los aleje de encontrarse con ellos mismos.

Hay que pasar un rato en la presencia de Dios, donde no hay que hacer filas ni esperar a que suba el programa en tu computadora. No hay que cotejar si tu dinero ya fue depositado porque su sangre derramada pagó el precio para que nuestras cuentas tengan suficiente para dar a otros. En su presencia podemos descansar confiadamente de que nuestros bancos no se irán a la quiebra, porque Dios es el dueño del otro y de la plata.

Sé que cuando me retire habrá lo suficiente para cubrir mis necesidades de acuerdo a sus riquezas en gloria. No va a colapsar, como se rumora de los diferentes sistemas de retiro... Entonces, si Dios pagó el precio, ¿cómo hago mis depósitos?

Pues bien, aquí la hoja de depósito es diferente. Deposita estar en silencio ante la presencia de Dios esperando el oportuno socorro. Deposita la oración y el meditar en su Palabra. Deposita adoración y entrega. No te preocupes, Jesús ya hizo el depósito por nosotros y pagó un precio muy alto para devolverte triplicado en intereses lo que tú deposites en su banco.

Hablando con el Alfarero

Señor, a través de mi vida he hecho depósitos en lugares equivocados. Hoy deseo depositar mi vida en tus manos. Ayúdame a confiar en que lo que deposito en tus manos tendrá fruto. En el nombre de Jesús. Amén.

Cinceladas del Alfarero

Hoy deseo depositar en el banco del Señor:

_____

_____

_____

Domingo en la tarde

Texto: *Isaías 65:24 "Y antes que clamen, responderé yo; mientras aun hablan, yo habré oído"*

Los domingos en la tarde se respira, a mi parecer, una atmósfera diferente, pero jamás pensé que este domingo en particular iba a ser protagonista de un milagro de Dios para mi vida. No recuerdo la fecha, aunque recuerdo el día y, sobretodo, el milagro. Había una campaña de aniversario en una iglesia en Río Grande (un pueblo de mi isla). La iglesia a la cual asistía iba a respaldar la actividad, por tanto, me dispuse a prepararlo todo para asistir a dicho evento.

Esa tarde, en especial, había hecho un arroz con jamón y les di a mis hijos comida. Luego de esto nos fuimos. Yo pospuse el comer para cuando regresara del culto.

En medio de la actividad comencé a sentir hambre de manera desesperante. No podía concentrarme. Lo único que deseaba era llegar a casa para comer. No podía parar en el camino para comer, recuerdo que solo tenía $5.00, y eran para pasar la semana.

Al llegar a casa ya mis hijos estaban dormidos. Había que acomodarlos en sus camas, pero antes y como el hambre apretaba decido calentar la comida y, posteriormente, los bajaría del carro. Al destapar el caldero, grande fue mi sorpresa. No sé en qué momento le había echado agua con jabón al arroz que había quedado.

Busqué en la nevera, pero la leche que quedaba era para el desayuno de mis hijos, por tanto, estaba prohibido tocarla. La alacena no tenía nada. Yo no me había percatado de esto, hasta este momento. Como comprenderán la frustración embargó mi ser, y mis ojos se llenaron de lágrimas. Solo quedaba tomar agua, con un poco de azúcar. Acostar a mis hijos. Acostarme yo para ver qué Dios haría el próximo día.

Ya que había acomodado a dos de mis tres hijos en sus respectivas camas, cuando me dispuse a buscar al tercero ocurrió lo inesperado. Aquel carro que entra a mi marquesina y me enfoca con sus luces. No podía ver quién era. En forma automática cerré la puerta de la sala para proteger a mis hijos y a mí, pero quedaba uno en el carro. Inmediatamente, decidí salir, entendía que mi hijo estaba en peligro, ya que la marquesina no tenía rejas y vivía en un área donde no tenía vecinos cercanos. Tenía que arriesgarme.

Desde el vehículo salió una voz conocida. Grande fue mi sorpresa al ver a mi amigo en mi casa. Él trabaja de "flight attendant" y estaba fuera de Puerto Rico. Además, nunca acostumbraba a visitarme. Es por eso que no lo reconocí. La pregunta no se demoró, ¿Qué haces aquí? El con una sonrisa particular, que no he podido olvidar, me dijo que alrededor de las 4:00pm cuando se disponía a presentarse a su trabajo, y…. realizar el vuelo hacia PR pasó por el barrio chino de Nueva York decidió traerme comida de allá. Deseaba demostrarme que la comida china de Nueva York era mejor que la de Puerto Rico. Me entregó los paquetes y sin mediar palabras se fue.

Acomodé a mi hijo en su cama, me serví comida, pero en ese momento no podía comer. Lágrimas corrían por mis mejillas al ver el cuidado poderoso de Dios. Analicé el evento. En el mismo momento en que yo le estaba echando agua al caldero, mi amigo fue inquietado para comprar comida y traérmela. ¡Ah! y alcanzó para comer durante dos días. No fue un domingo cualquiera. Fue un domingo de cuidado y provisión.

Hablando con el Alfarero
Gracias, Señor, por tus cuidados, porque antes de abrir nuestra boca tú sabes de qué tenemos necesidad. En el nombre de Jesús. Amén.

Cinceladas del Alfarero

Comparte o recuerda un momento de tu vida en la que Dios te hizo provisión:

_____

_____

_____

_____

Enfócate

Texto: *Hebreos 12:2 "Puesto los ojos en Jesús, el autor y consumador de la fe"*

Me encantan los Jeeps y, sobre todo, ir a escambrear. Sé que es un deporte peligroso, ya que el mismo se trata de subir grandes montañas, utilizando el 4x4 del vehículo o meterse en la playa con él. Sé que tengo un espíritu aventurero. Es por eso que hacíamos grupos para pasarla súper. Aquella tarde no fue distinta. Reunimos un grupo. Íbamos en dos jeeps y nos disponíamos a pasarla "súper".

Llevamos un rato compitiendo en el fango, cuando se me ocurrió la maravillosa idea de bajar la ventana y sacar la cabeza. Deseaba saber cuán enfangado estaba el carro. Bueno ya saben lo que me ocurrió. El carro en movimiento y la que se enfangó fui yo.

No hay problema, pueden reírse. Todavía yo recuerdo la escena y me rio. Los que estaban conmigo esa tarde también se rieron. Les aseguro que aprendí una lección. Volví a escambrear, pero no a desenfocarme. Mi mirada desde ese día se mantuvo en el camino.

Dios trazó un camino para nuestras vidas, pero un día al igual que yo, sacamos la cara para ver lo que ocurría afuera. El fango tocó nuestras vidas y nos desenfocamos del camino que El (Dios) había trazado para nuestras vidas.

Cuando sacamos la mirada del camino, nuestras vidas se llenan de fango. Solo podemos ver lo que tenemos de frente, fango. Aquella tarde no solo limpiamos los jeeps, sino que tuve que darme un baño profundo porque el fango por naturaleza se pega al cuerpo.

Dios sabe que hay momentos en nuestras vidas que nos desenfocamos y perdemos la ruta. Es entonces que al regresar a su presencia, regresamos "enfangados hasta la coronilla". Lo mejor es, que el fango que adquirimos por desenfocarnos, no opaca su poder. Él (Jesús) hizo provisión en la cruz y desea que te sumerjas en el río de su espíritu para que halles el oportuno socorro.

Aquella tarde volví a enfocarme y a limpiarme. Y tú ¿estás enfocado?

Hablando con el Alfarero

Señor, hoy te pido perdón porque muchas veces he quitado la vista del camino que tú has trazado para mí. Ayúdame a volverme enfocar y enderezar mi caminar. En el nombre de Jesús. Amén.

Cinceladas del Alfarero

¿Alguna vez te has desenfocado de lo que Dios había trazado para ti?

_____

_____

¿Qué hizo Dios para atraer nuevamente tu atención y enfocarte hacia lo que Él tenía trazado para ti? Cuéntanos brevemente.

_____

_____

_____

_____

_____

_____

_____

Floreciendo

Texto: *Mateo 6: 28-29 "Y por el vestido porque os afanáis? Considerad los lirios del campo, como crecen: no trabajan, ni hilan; pero os digo que ni aun el mismo Salomón se vistió como uno de ellos."*

La naturaleza nos da grandes lecciones de vida y hoy no fue la excepción. Puerto Rico ha estado pasando grandes momentos de sequía. Esta situación me llevó a no atender mis lirios como antes. El agua que se le proporcionaba era mucho menos.

Cuando veo su tierra seca les hablo y les explico la situación. Nunca he sabido si me oyen, pero siempre les hablo a mis matas o plantas. A mi parecer ellos me responden poniéndose de color más subido. Pienso que se alegran al escucharme. Lo mejor de todo es que no cuentan mis confidencias.

En esta etapa de crisis solo le pido que resistan porque pronto vendrá lluvia en abundancia. Por ahora solo puedo darles una mínima cantidad de agua. Lo hermoso de esto fue, que cuando las fui a saludar esta mañana, aun en medio de la sequía, habían florecido.

Sé que en nuestras vidas pasamos momentos de grandes sequías donde el agua del Espíritu Santo escasea, pero, en medio de tu sequía, Dios a través de su Espíritu

Santo rocía tu vida con el agua suficiente para que no mueras en la sequía. Lo mejor de esto es que, aunque tu tierra está seca, puedes florecer y pronto vendrá la lluvia y verás el fruto de tu aflicción. Hoy Dios te dice: "Resiste."

Hablando con el Alfarero

Señor, dame las fuerzas para resistir en medio de mi sequía y en mis desiertos, ayúdame a confiar en que pronto tu abrirás ríos sobre mi tierra seca. En el nombre de Jesús. Amén.

Cinceladas del Alfarero

Lee los siguientes textos y medita en lo que Dios te dice en medio de la sequía:

Juan 16:12

_____

_____

_____

Salmo 32: 7-8

_____

_____

_____

Mateo 11:28-30

_____

_____

_____

Final de un Gran Comienzo

Texto: *Josué 24:15c "...yo y mi casa y serviremos al Señor..."*

Como olvidar aquel viernes. Fue el 3 de enero de 2012 alrededor de las 4:00 p.m. la atmósfera en la oficina se sentía diferente. A esa hora se suponía que ya yo hubiese cerrado el negocio, pero algo me detenía. Yo no sabía lo que era, pero no podía moverme del lugar. Siempre al cerrar la oficina pasaba por casa de mami, sobre todo, si era viernes. Fue exactamente allí que comenzó el final de un gran comienzo. Había llegado una llamada que entiendo, que por años la estábamos esperando. Junior, mi hermano había tocado fondo pero esta vez había algo dentro de mí que me decía que no se levantaría.

En medio de aquella tempestad, comencé a clamar. Se iba y, se iba sin salvación. Yo sabía que hay promesa de parte de Dios hacia mi familia, pero también sé que la salvación es individual. Dios prometió tratar con Junior hasta el último momento de su vida, pero, la decisión era de él.

Como todo lo que tenía o tiene que ver con mi familia es complicado, esta no era la excepción. Además de que en Puerto Rico era un fin de semana festivo (celebración del día de los Reyes Magos), Junior residía en New Jersey, así que el llegar a él sería más difícil, pero no imposible.

Además de las dificultades arriba expuestas existía otra. En New Jersey, dónde él se hallaba, estaba nevando. Yo vivo en el trópico, por tanto, no tengo ropa invernal.

El Dios al cual sirvo no dejó un detalle por cubrir. Aparecieron los pasajes, los cuales eran difíciles de conseguir por la época. Me surtieron de ropa para el invierno y un lugar donde estar. Todo el tiempo que estuve allá no me faltó transportación. Una vez más Dios tuvo cuidado de cada detalle.

A pesar de su condición y de estar en intensivo, el hospital me permitió quedarme todo el tiempo que deseara con él. Allí me encontraba, frente a su cama. Lo primero que hice fue recriminarle. Luego decirle, cuánto le amaba. Juntos recordamos su tiempo en la iglesia. Le hablé del amor de Dios y su plan de salvación. Ocurrieron muchos eventos que quedaron atesorados en mi corazón, pero tengo la satisfacción de que su final fue un gran comienzo. Porque entregó su vida al Señor.

Junior vivió una vida difícil por decisión propia, pero hoy descansa en su presencia por decisión propia. Veas lo que veas. Oigas lo que oigas, no desmayes. Lo que Dios habló sobre tu casa, sobre los tuyos, Él lo cumplirá. Su palabra no cae al vacío. Yo creí y me aferré a la oración y vi su gloria. Y tú, ¿Puedes creérle?

Hablando con el Alfarero

Señor, voy ante ti reconociendo que en muchas ocasiones me falta la fe. Hoy ayúdame en mi debilidad. Deseo creer no importa lo que vea. En el nombre de Jesús. Amén.

Cinceladas del Alfarero

Enumera aquellas personas que tú deseas que vengan a los pies de Cristo. Luego intercede por ellas. Deja que el Espíritu Santo te llene de paz y entrégaselas al Señor.

1._____

2._____

3._____

4._____

5._____

2do Cántaro de luz

Texto: *Jueces 7:16 "Y repartiendo los trescientos hombres en tres escuadrones, dio a todos ellos trompetas en sus manos, y cántaros vacíos con teas ardiendo dentro de los cántaros."*

Al recrear esta porción de las escrituras vemos como Gedeón puso teas dentro de unos cántaros para ganar una batalla. Cuando hablamos de teas estamos hablando de antorchas de fuego que tiene que haber sido cuidadosamente puestas para ser utilizada como lumbrera en medio de una guerra.

Tú y yo somos cántaros de luz. Cuando recibimos al Señor como nuestro Salvador personal somos sellados por su Espíritu y este mora o habita en nosotros, por lo tanto, la luz de Cristo mora en nosotros.

Cuando sientas que tu cántaro se apaga. Corre al pozo que es Cristo y dile que alumbre tu camino. Solo a los pies del maestro la llama que vive en ti volverá a encenderse.

En el momento más oscuro de tu vida y las tinieblas te rodean, clama por su presencia. Mi Dios se levantará y alumbrar tus tinieblas. Sé diligente en escudriñar su palabra. Recuerda lo dicho por el salmista, Su palabra es lumbrera a mi camino (Salmo 119:5). Sé que la palabra depositada en ti arderá como llama y te guiará en tu caminar.

Gedeón ganó sus batallas no por la cantidad de hombres que tenía en su ejército, sino por la luz que había depositado en su cántaro. Si te mantienes escudriñando su palabra, no solo ganarás tus batallas, sino que podrás ser instrumento de luz para aquellos que hayan perdido el camino.

Recuerda que eres cántaro de luz.

El Poste Humano

Texto: *Salmo 91:11 "Pues a sus ángeles mandará cerca de ti. Qué te guarden en todos tus caminos"*

Fue hace alrededor de veintiséis años atrás. Aquella noche me esperaba uno de los eventos más difíciles en mi vida. Sé que ha sido uno de los eventos más difíciles, pero ha sido uno de los eventos donde más de cerca he visto a Dios y su mano de gracia protegiendo mi vida y la de mis hijos.

Al salir de un culto me dispuse a llevar unos jóvenes a su casa. Cuando los dejé y salí hacia el camino vecinal, por la avenida principal, sentí un fuerte impacto en el bonete de mi carro. Sentí como si le hubiese dado a un poste, pero aquel supuesto poste, además de estar en medio de la avenida, se quejaba. Al bajarme del carro, allí estaba el "poste".

En realidad, no había impactado un poste, sino un hombre que aparentemente se había abalanzado sobre mi carro. Algunos dicen que tal vez con la intención de asaltarme. Eso nunca lo sabré. Estaba acompañada de mis hijos, por lo tanto, tenía que mantener el control. Los nervios se apoderaron de mí. También la confusión, pero, aunque yo no me diese cuenta, Dios estaba en control.

El área era oscura y peligrosa. En esa época los celulares no eran accesibles. Tenía que confiar en la protección y cuidado de Dios. En medio de toda esa situación fue que apareció este hombre. Que al día de hoy no sé su nombre, pero sí estoy segura que Dios permitió que pasara por ese lugar para que me socorriera.

Este hombre sí tenía celular. Se detuvo y junto a él, el lugar se llenó de noveleros (lo que llamamos en mi isla curiosos). Aquel hombre realizó las gestiones pertinentes. Me facilitó su teléfono para yo comunicarme. Cuando cumplió su propósito, sencillamente desapareció.

Sé que la situación se salió de mi control, pero nunca del control y el cuidado de Dios. En medio de aquella multitud que me rodeaba y en dos diferentes ocasiones, Dios me dejó ver como Él estaba cuidando de mí y, como Él estaba presente. En medio de mi noche oscura dos mujeres, sí dos mujeres que no se conocían entre sí y en diferentes momentos se me acercaron. Recuerdo que se hicieron paso entre la multitud. Me tomaron por los brazos. Me hicieron mirarlas a la cara y me hablaron con autoridad. Ambas sin conocerse entre sí me dijeron lo mismo; "Dios está en este lugar, recuerda Dios está en este lugar". ¿Saben?, todavía recuerdo sus rostros y sus vestimentas. Siempre he creído que fueron ángeles que tomaron forma humana para impartirme fortaleza, pero hayan sido o no ángeles, Dios estuvo en aquel lugar.

No pasó mucho tiempo cuando llegó aquel pastor que pasaba por aquel lugar y me acompañó hasta que todo acabó. Yo no le conocía, pero si conocía al Dios que él predicaba. Su compañía junto con las intervenciones anteriores, me hacen reafirmar que Dios estuvo en control. El momento fue difícil y completamente fuera de mi control, pero la mano poderosa de Dios nunca me abandonó.

No sé qué momento difícil estés pasando cuando estés leyendo estas líneas. Solo sé que Dios está en control. En mi inesperada situación Dios tomó el control. Y tú ¿Puedes creer que Dios está en control de la tuya?

Hablando con el Alfarero

Señor, hoy deseo sacar un tiempo para darte gracias. Sé que a través de mi vida y aunque a veces yo no me he dado cuenta, tú has estado en control. Gracias porque cuando más lo he necesitado tú has dicho presente y has mandado ángeles a cuidarme en todos mis caminos. En el nombre de Jesús. Amén.

Cinceladas del Alfarero

Me gustaría que meditaras en la historia del buen samaritano. La misma se encuentra en Lucas 10:33-37. Luego te invito a que lo compares con la lectura El Poste Humano y medita cómo también en tu caminar Dios ha hecho de provisión de un samaritano que te extienda la mano.

_____

_____

_____

_____

Desde tu criterio ¿crees que el samaritano se podría comparar con los ángeles que dice la biblia que Dios mandará para que te cuiden? ¿Por qué?

_____

_____

_____

_____

Luego piensa como tú has sido o puedes ser un samaritano.

Hermosa Madrugada

Texto: *Mateo 8: 23-27 "Y entrando él en la barca, sus discípulos le siguieron. Y he aquí que se levantó en el mar una tempestad tan grande que las olas cubrían la barca; pero él dormía. Y vinieron sus discípulos y le despertaron, diciendo: ¡Señor, sálvanos, que perecemos! Él les dijo: ¿Por qué teméis, hombres de poca fe? Entonces, levantándose, reprendió a los vientos y al mar; y se hizo grande bonanza. Y los hombres se maravillaron, diciendo: ¿Qué hombre es este, que aun los vientos y el mar le obedecen?*

Que hermosa madrugada, lluvia, truenos y relámpagos. Siempre me han gustado esos sonidos de la naturaleza. Sobre todo, cuando la lluvia cae sobre el techo de zinc de mi terraza. Hacía tiempo que no lo escuchaba.

Mi madre le tenía terror a los truenos y relámpagos, sin embargo, mi padre no temía a los truenos y relámpagos. El, desde que éramos niños, nos enseñó a no temer sino a disfrutar dichos eventos naturales. Él había sido marino mercante. Había pasado tormentas eléctricas en altamar. Siempre nos decía, a mi hermano y a mí, que allí (en altar mar) sí que había que temer.

Siempre mi padre trató de que no temiéramos a los truenos y relámpagos, por tanto, cuando había días y noches de tormenta, mi hermano y yo sabíamos que mi padre haría de la tormenta un tiempo en el cual podríamos disfrutar. Solíamos pasar ese tiempo al lado de papi. El, mi padre, era historiador o cuentista (como lo quieran llamar) innato. Pasaba largos ratos a nuestro lado relatándonos historias que eran creadas en su imaginación. Su historia nos infundía paz. Crecimos sin temer, al contrario, amábamos estos eventos naturales, ya que nos acercaban a nuestro padre.

Bueno, ya salió el sol. Que poco duraron los truenos, los relámpagos, y la lluvia, pero así mismo es nuestra vida espiritual. Un día despertamos y nuestra vida está llena de tormentas que no esperábamos. En muchas ocasiones llegan de improvisto, no sabemos cómo manejarlas, pero esa tormenta al igual que la lluvia de hoy, es pasajera.

Pronto en medio del ruido de los truenos que atormenta tu vida, que de paso es solo lo que tu enemigo puede hacer es ruido, nacerá el sol de justicia. Alumbrará la hora más oscura de tu vida. Disipará los vientos y callará al enemigo. Al igual que los discípulos que estaban en la barca dirás: " ¿Quién es este que aun los vientos y la mar le obedecen?" (Marcos 4:41)

Hoy solo puedo decirte, resiste que solo los valientes arrebatan la bendición. Jesús hizo su parte ahora te toca a ti resistir. Pronto se disipará la tormenta que te azota. Obtendrás la victoria. Recuerda que al igual que mi papá se mantenía a nuestro lado infundiéndonos paz con sus palabras y su presencia en medio de las tormentas naturales, tu Padre Dios está a tu lado impartiendo su paz.

.

Hablando con el Alfarero

Gracias Señor, por los momentos tormentosos que hemos vivido y los que hemos de vivir ya que en esos momentos podemos correr al trono de tu gracia para hallar el oportuno socorro. En el nombre de Jesús. Amén.

Cinceladas del Alfarero

¿Qué aprendisteis hoy sobre los momentos tormentosos de tu vida?

_____

_____

Hormigas

Texto: *Proverbios 6:6 "Ve a la hormiga, oh perezoso,*
Mira sus caminos y sé sabio"

…y seguimos recordando. Cuando era niña no existía tanta tecnología. Mi hermano Junior y yo siempre estábamos inventando qué hacer, pero hubo un día que al parecer estábamos más aburridos de lo usual y no encontrábamos nada qué hacer. No sé si mi hermana mayor Annie lo notó, pero ella nos enseñó algo que nos entretuvo por mucho rato, y todavía lo recuerdo.

Había una hilera de hormigas haciendo camino por las paredes. Ella nos explicó que si matábamos una y la dejábamos en el camino por dónde pasaban las otras, entonces las otras hormigas cambiarían la ruta, y no pasarían por donde estaba la hormiga muerta.

Por supuesto que Junior y yo nos dimos a la tarea de ver si eso era cierto. ¿Saben qué? Una y otra vez las hormigas cambiaron de ruta. Pasamos mucho rato experimentando y siempre las hormigas cambiaron su ruta.

No sé cómo mi hermana Annie lo descubrió, pero sí sé que ese día nos convertimos en insecticidas naturales. ¡Lo que uno hace cuando está aburrido!

Analizando esa escena de mi vida, la verdad aprendí mucho y no de biología. Aprendí que en muchas ocasiones

Dios desea que seamos como las hormigas. Él ha permitido que cosas mueran en nuestras vidas para cambiar el rumbo que llevamos y darnos una mayor bendición, la cual Dios ha provisto para nosotros.

A diferencia de las hormigas que crean una nueva ruta y continúan su propósito, nosotros tendemos a detenernos frente a aquello que ya está muerto en nuestras vidas porque ya cumplió su propósito y no continuamos hacia el propósito que ya Dios ha definido para nosotros. Nos aferramos tanto a cosas materiales como emocionales que Dios desea que sueltes ya.

Hoy te invito a que, como la hormiga, cambies tu rumbo y sigas a tu propósito. Deja atrás las cosas que ya Dios dio por muertas. Recuerda que para hallar fruto la semilla tiene que morir. Mientras tú luchas por lo que está muerto, detienes la bendición de Dios para tu vida.

Hablando con el Alfarero

Señor, ayúdame a entregarte aquellas áreas de mi vida por las cuales estoy luchando por revivir y que ya cumplieron su propósito en mi vida. Perdóname por luchar en contra de lo que tú deseas para mi vida y muéstrame el nuevo camino que ya tú trazaste para mí, que sé que tú lo andarás conmigo. Sé que el aferrarme a estas cosas no me deja ver el camino trazado para mí. Hoy deseo soltarlas. En el nombre de Jesús. Amén.

Cinceladas del Alfarero

Haz una lista de las cosas que ya cumplieron su propósito en ti. Luego, entrégaselas al Señor en oración. Medita antes de entregarlas en Proverbios 14:12.

_____

_____

_____

_____

_____

_____

_____

_____

La Charca

Texto: *Mateo 14:30-31 "Pero al ver el fuerte viento, tuvo miedo; y comenzando a hundirse, dio voces, diciendo: ¡Señor, sálvame! Al momento Jesús, extendiendo la mano, asió de él, y le dijo: ¡Hombre de poca fe! ¿Por qué dudaste?*

Ocurrió una mañana, aún recuerdo aquel día. Si mi mente no falla fue un sábado. Tendría alrededor de ocho años. Siempre pertenecí a las niñas escuchas y ese día teníamos una gira al Yunque. Nos bañaríamos en una charca. Prometía ser un día espectacular.

Estaba rodeada de gente. Todos estábamos disfrutando. Se nos advirtió que tuviéramos cuidado. Había un área que era bien profunda y que solo podían ir los que saben nadar. No sé cómo caí en esa área.

Rápidamente comencé a hundirme. Instintivamente, me impulsaba hacia arriba pero no lograba salir, y lo peor aún nadie lo notaba. Ya había subido y vuelto a bajar tres veces. No sé porque razón dejé mi mano arriba. Tenía la sensación de que no volvería a subir. De momento alguien me tomó de la mano y me sacó. Fue mi mamá, que estaba sentada en una colina y desde allí lo observaba todo. La escena está viva en mi mente, pero, también la enseñanza.

Hay momentos en tu vida que creerás que no te vas a levantar. Que te hundes y crees que ya no vas a salir a flote. Nadie a tu alrededor lo nota. ¿Sabes?, el salmista decía, "No dará tu pie al resbaladero, ni se dormirá el que te guarda. No se adormecerá, ni dormirá el que te guarda a Israel" (Salmo 121:3). Su mano aún tiene poder y te sacará de tu desesperación. "pondrá tus pies sobre peñas y enderezará tus pasos". (Salmo 140:2)

Hablando con el Alfarero

Señor, hay momentos en mi vida que como José siento que he caído en un pozo. Hoy levanto mis manos porque necesito alcanzar la tuya. Sé que tu mano se ha acortado para bendecirme. Hoy multiplica mis fuerzas y sosténme con la diestra de tu justicia. En el nombre de Jesús. Amén.

Cinceladas del Alfarero

Si estás en el pozo de la desesperación. Recuerda que no hay lugar que su gracia no te pueda alcanzar. Te invito a que medites en los siguientes textos para que tu fe no falte.

Mateo 5:4   Salmo 16

Salmo 118: 5-6   Salmo 12

La Cruz

Texto: *Lucas 23:46 "...Padre en tus manos encomiendo mi espíritu..."*

Cada viernes santo, todos miran al calvario. En mi amada isla todo se paraliza. Las grandes cadenas de tiendas no abren. Las playas se abarrotan de gente. Muchos que no van en todo el año a la iglesia, sacan un rato del día para asistir a la iglesia de su predilección. Algunos se quedan en su casa viendo películas especiales que hay de Semana Santa. Lo importante es que todos sacamos un momento consciente o inconsciente para hablar del evento más grande de la historia, el sacrificio de Jesús.

Disfruto el día, no porque lo crucificaron, sino porque su muerte anuncia su resurrección. La cruz dejó de ser símbolo de maldición para convertirse en el símbolo más grande de victoria. Es en el madero que verdaderamente el pueblo que anda en tinieblas, si mira al calvario, verá gran luz.

Los brazos del maestro se abrieron en esa Cruz por amor a mí y por amor a ti. Si le conociste y has perdido el rumbo, mira a la Cruz. El desea volverte a recibir como lo que eres, su hijo. Si sientes que el enemigo te tiene acorralado y no puedes más, mira a la Cruz. Solo allí hallarás descanso.

Hace tiempo aprendí que solo en Jesús hay descanso para el alma sedienta y que la Cruz no es símbolo de luto, sino de victoria. Porque, gracias a Jesús, podemos hallar el rumbo de nuestras vidas. Y tú, ¿Vez derrota cuando miras a la Cruz? O, si al igual que yo, ¿Vez al Cristo que derrotó al imperio de la muerte y gracias a su sacrificio tenemos paz para con Dios?

Hablando con el Alfarero

Gracias Señor, porque puedo mirar a la cruz, no como que todo acabó, sino como un nuevo comienzo en gloria. Sé que es por medio de tu muerte alcancé la salvación. Gracias. En el nombre de Jesús. Amén.

Cinceladas del Alfarero

Te invito a enumerar por lo menos 3 cosas que para ti simbolizan la muerte de Jesús en la cruz.

1. _____

2. _____

3. _____

Haz una marca de cotejo (/) al lado de aquellas palabras en las cuales puedes obtener al mirar la cruz. Estas, pueden venir a ser parte de tu carácter.

___ Paz   ___ Perdón   ___ Luz   ___ Gozo

___Tolerancia   ___ Guía   ___ Amor   ___ Fe

___ Refugio   ___Confrontación

Escoge una de las cosas que no marcaste. Medita en ellas y si deseas pídele al Espíritu Santo   que la haga real en tu vida.

RECUERDA QUE AQUEL QUE TIENE UN ENCUENTRO CON JESÚS EN LA CRUZ JAMÁS SERÁ IGUAL.

Las aguas

Texto: *Isaías 43:2 "Cuando pases por las aguas, yo estaré contigo; si por los ríos no te anegarán..."*

Abuelo siempre decía que el hombre no puede imponerse a la naturaleza. Que la naturaleza posee sus propias leyes. Estas leyes siempre se impondrán por encima de lo que el hombre intente cambiar en la naturaleza. El conocía bastante de estas leyes naturales.

Recuerdo, aquel medidor de tierra que abuelo tenía en la parte de atrás de la casa. Este servía para saber la cantidad de agua que había caído. Vivíamos cerca del río, y de acuerdo a lo que abuelo leía se tomaba la decisión de buscar un refugio o no.

Gracias a este medidor y su experiencia, Abuelo siempre supo cuándo abandonar la casa. Recuerdo aquella tarde cuando Abuelo les dijo a mis padres que debíamos irnos a pasar la noche a otro lugar. Él estaba seguro que el río se saldría de su cauce. El problema era que, hacía un día soleado, y las noticias no hablaban de inundaciones. Razones, que desconozco, nosotros nos quedamos en casa. Abuelo se fue para casa de tío Paco.

Lo que nos esperaba por no escuchar la voz de Abuelo. No sé qué hora era, pero sí sé que todos ya dormíamos, cuando nos tocaron a la puerta. La defensa civil fue a sacarnos porque el río se había salido de su cauce, y se estaba inundando la casa. Salimos por la parte de atrás de la casa. Ya que por al frente estaba el río. A papi, el agua le llegaba a las rodillas, por tanto él me llevaba en brazos.

En nuestra vida espiritual nos pasa igual, Dios nos advierte en diferentes maneras que es hora de salir porque las aguas nos pueden ahogar; y nosotros en muchas ocasiones tomamos la decisión de quedarnos. Nuestra vista y las voces que escuchamos nos dicen que todo está bien, aunque Dios nos diga lo contrario. Es, entonces, que tomamos la decisión de quedarnos porque nuestra visión es corta y no podemos ver, ni entender lo que Dios sí ve y entiende. Creemos que vamos a poder controlar lo que nos rodea.

Es, entonces, que nos toca la noche oscura. El Espíritu Santo en su misericordia nos toca a la puerta, y nos indica que es hora de salir. Es momento de dejar todo atrás. Es momento de entregar. Aquella noche nosotros salimos dejándolo todo. Dios te pide que dejes todo bajo su control, porque Él tiene cuidado de ti.

Han sido muchas las veces que las tormentas han tocado a mi hogar, pero como aquella madrugada que mi padre me cargó en sus brazos, mi Padre celestial me lleva en sus brazos. Es por eso que el río no me ha anegado, sé que aquella noche papi aprendió a escuchar la voz del abuelo. Y tú, ¿Has aprendido a escuchar la voz de Dios? Cada día estoy aprendiendo a escuchar su voz, pero sé que me lleva en sus brazos.

Hablando con el Alfarero

Señor, qué difícil se me hace muchas veces escuchar tu voz. Hoy te pido que afines mi oído para escuchar lo que me deseas decir. Las aguas no me ahogarán si tú conmigo vas. Gracias Señor, porque sé que en la hora más oscura me llevas en tus brazos. En el nombre de Jesús. Amén.

Cinceladas del Alfarero

Medita en los siguientes textos. Aprópiate de cada promesa envuelta en dichos textos. Recuerda que, aunque el río se salga de su cauce, Dios hará provisión. El evitará que la corriente te lleve mar adentro. En el espacio provisto escribe la promesa que te ha sido dada.

Isaías 41:17-18

_____

_____

Isaías 43:16

_____

_____

Isaías 43:19

_____

_____

Isaías 44:3

_____

_____

Limpieza de Madrugada

Texto: *Salmo 63: 1-2 "Dios, Dios mío eres tú; De madrugada te buscaré; mi alma tiene sed de ti, mi carne te anhela, en tierra seca y árida donde no hay aguas, Para ver tu poder y tu gloria, Así como te he mirado en el santuario."*

Quedé despierta alrededor de la 1:30 am. No pude volver a dormir. Como acostumbro hacer, decidí pasar un tiempo con mi amado Jesús. Después de estar a solas con Él decidí volver a la cama e intentar conciliar el sueño, pero no hubo forma. Entonces, me propuse realizar la limpieza en mi hogar. Tenía tantas cosas atrasadas que entendí que era el momento adecuado para poner todo en orden.

En uno de los cuartos tenía en la ventana una sudadera, supuestamente, secando. Al tocarla estaba húmeda. No le di mucha importancia y continúe con la limpieza. Al mover los muebles de la sala encontré un pequeño charco (demás está decirles que no cierro las ventanas). Fue entonces que me detuve para analizar la situación. La única forma para que esto ocurriera es que anoche lloviera. Verifiqué en el patio para ver si mi teoría era cierta, o si por el contrario había algún problema de plomería en la casa. Al salir comprobé que, ciertamente, en la noche estuvo lloviendo. En ese momento vino a mi mente una lección. La cual deseo compartir con ustedes.

Dios ha comenzado a dar lluvia de bendición a nuestras vidas y, como estamos en un sueño profundo no podemos notar la obra que día a día Él está realizando a nuestro favor. De la misma manera que cayó el agua por mi ventana, de esa misma forma, y sin darnos cuenta Dios está obrando a nuestro favor. Hoy sentiremos el rocío que refresca el alma. Mañana o quizás hoy, sentirás la lluvia del Espíritu Santo que embriaga tu alma.

No sé cuándo verás el milagro u obtendrás la respuesta, pero sé que ya viene de camino. ¡Ah! y no se cuestionen. Siempre me ha gustado limpiar de madrugada tanto como ir a la presencia de Dios de madrugada.

Hablando con el Alfarero

Gracias Señor, porque en medio de la fatiga diaria tú nos despiertas con el rocío de tu presencia para refrescar nuestra alma. Amén

Cinceladas del Alfarero

Reflexiona en los siguientes textos bíblicos:

Deuteronomio 11:13-14

_____

_____

_____

Proverbios: 16:15

_____

_____

_____

Santiago 5:18

_____

_____

_____

3ro Cántaro portador de su Gloria

Texto: *1Reyes 7:50 "Asimismo los cántaros, despabiladeras, tazas, cucharillas e incensarios, de oro purísimo; también de oro los quiciales de las puertas de la casa de adentro, del lugar santísimo, y los de las puertas del templo"*

Me impresioné al leer esta porción de la Biblia, en el cual el cántaro era parte del altar del Señor. Este cántaro no era de barro, sino de oro purísimo. Estaba colocado en lugar santísimo. Lugar donde Dios manifestaba su gloria. Entonces estos cántaros, además de ser testigos silentes de lo acontecido en el altar, eran portadores de su gloria.

Nosotros, según registra la palabra, somos probados como el oro. Que maravilloso es saber que somos cántaros de oro. Que pertenecemos al altar del Señor y esto hará que mi vasija no solo sea testigo del poder de Dios derramado, sino que será llena de su gloria...de su presencia.

Una vez que tú y yo hemos recibido a Jesús como nuestro Salvador, Él viene a través de su Espíritu Santo a ser morada en nosotros. Somos recipientes de su gloria. Su gloria habita en nosotros. Somos cántaros portadores de su Gloria.

Madero

Texto: *1Pedro 2:24 "quien llevó él mismo nuestros pecados en su cuerpo sobre el madero, para que nosotros, estando muertos a los pecados, vivamos a la justicia; y por cuya herida fuisteis sanados."*

Ayer saqué un tiempo para trabajar en mi patio. Llevo varios días cuidando mi plantita de ajíes dulces. Desde que la trasplanté me tiene preocupada. Su tallo es tan frágil que pienso que no se me va a dar. Es, por eso, que le doy un cuidado especial. La deshierbo con frecuencia para que al pasar el trimmer (herramienta que se utiliza para podar el patio) no me la lleven enredada. A pesar de mis cuidados, tiende a inclinarse.

Entonces recordé a mi abuelo que amarraba estos tipos de matas a un palo. He aquí la solución. Decidida a comer de sus frutos. Busqué en el patio un pedazo de madera. Listo mi mata no solo la sostiene un madero, sino que ahora ella descansa en el madero que se le proveyó.

Observándola, recordé a aquel que murió en un madero para que yo alcanzase, salvación. Aquel madero no tenía poder, pero en él murió el que me da poder para vencer.

Que hermoso es saber que Dios miró desde los cielos y vio cuán frágil soy. Que cada día, el Espíritu Santo, arranque la mala semilla que pueda caer en nuestro terreno espiritual, para que esta no ahogue la palabra que fue sembrada en mi tierra. Que Él pone un cerco de protección para que las circunstancias de la vida no corten mi tallo.

Lo mejor de todo es que cuando he sido abatida por las circunstancias de la vida, Él me recuerda que ya Él hizo provisión en el madero para que yo descansara. Jesús me amarró al madero con cuerdas de sangre. Con cuerdas de amor.

Sé que he tenido momentos que me han pasado el trimmer, pero he vuelto a renacer. He crecido y me he caído, pero he podido mirar al madero y me he vuelto a levantar.

Estoy en las manos del jardinero. Sé que, como yo observo y velo por mi plantita, El (Dios) me vela, me observa y me ama. No sé qué cuidados necesita tu vida hoy. Solo sé que El hizo provisión en un madero. Solo mira a la cruz y hallaréis descanso para vuestra alma.

Hablando con el Alfarero

Gracias Señor, porque tú hiciste provisión a través de la sangre de tu hijo para que yo pudiera descansar. Ayúdame a mirar al madero cuando mi alma se abate. No porque en el madero halla poder, sino para recordar que Él murió en un madero para yo descansar. Amén.

Cinceladas del Alfarero

¿Qué cosas te han afligido? ¿Qué carga tienes que Dios no desea que lleves? Enuméralas.

_____

_____

_____

_____

_____

_____

_____

_____

Ahora, ¿Puedes mirar al madero y creer que Aquel que se levantó dentro de los muertos puede llevar tus cargas? Si la contestación es sí, entonces medita unos instantes y entrégaselas al Señor en oración.

Marcada por Él

Texto: *Juan 14:16 "y yo rogaré al Padre, y os dará otro consolador, para que esté con vosotros siempre"*

En mi adolescencia aprendí mucho sobre la guía del Espíritu Santo en mi vida. Muy temprano me di cuenta que este (el Espíritu Santo) no necesita ayuda. También me percaté que perdemos mucho tiempo tratando de ayudarlo y, en muchas ocasiones, hasta le damos instrucciones de cómo realizar su trabajo. Sé que muchos lo hemos intentado y hemos fracasado en el intento.

Tenía alrededor de quince años cuando por primera vez experimenté como el Espíritu Santo trabajaba con mi vida. Recuerdo que fue un viernes en la noche. Había tomado la decisión que, en vez de asistir al culto regular de jóvenes que ofrecía la iglesia a la cual asistía, iría a un baile de marquesina.

En este momento ya había recibido al Señor como mi Salvador, pero no había tenido una experiencia con el Espíritu Santo. No tendría oposición de mi familia debido a que no eran creyentes. Al contrario, me motivaron a asistir al baile. Me facilitaron el que fuera.

Nunca pensé que esta "sencilla "decisión fuese a marcar tanto mi vida. Fue en la primera pieza de baile. No recuerdo con quién la bailé, pero sí recuerdo su voz claramente cuando me confronto. Fue una simple pregunta, pero me marcó. Me dijo: "¿Qué haces aquí? Hoy hay culto. ¿No se supone que hoy estés en otro lugar?" Sé que solo yo escuché su voz. Sentí una gran tristeza. Sabía que no estaba en lugar adecuado.

Recordé a mi pastor. Él nos decía que de la mejor forma de saber si donde estábamos o lo que hacíamos, Dios lo aprobaba era preguntándonos si Jesús estaría ahí o si El haría lo que estamos haciendo. Yo no le pregunté, pero el Espíritu Santo me confrontó.

Nadie me señaló. Nadie me cuestionó, pero el Espíritu Santo me confronto. Les aseguro que eso fue suficiente. Quedé marcada por Él. No me quedó ninguna duda de que el Espíritu Santo trabaja con las vidas de forma individual. Que Él está en todo lugar y puede llegar a lo más profundo del ser humano. Que no necesita mi ayuda, pero sí me toca el mantener una relación estrecha con El.

Es por eso que, aunque mis ojos vean una cosa, mis sentimientos digan otra, yo sé que el Espíritu Santo está trabajando en lo profundo de mi ser. Allí donde mi visión no puede llegar, Dios está trabajando, y trabaja con los míos. No importa cuánto se alejen, su presencia los alcanzará. Y tú, ¿Puedes creer?

Hablando con el Alfarero

Gracias Señor, porque te fuiste, pero no nos dejaste solos. Enviaste un Consolador, al Espíritu Santo. El cual nos guía hacia toda justicia y verdad. En el nombre de Jesús, Amén.

Cinceladas del Alfarero

Te invito a reflexionar si en algún momento de tu vida te has sentido, al igual que yo, has sido confrontado(a) por el Espíritu Santo. Revive ese momento y piensa qué resultado hubo en tu vida el haber dejado que su voz te guie.

Si deseas puedes compartirlo en el espacio provisto.

_____

_____

_____

_____

_____

_____

_____

_____

Mi Escritorio

Texto: *Marcos 2:22 "Y nadie echa vino nuevo en odres viejos; de otra manera, el vino nuevo rompe los odres, y el vino se derrama, y los odres se pierden; pero el vino nuevo en odres nuevos se ha de echar."*

Hoy decidí poner en orden mi escritorio. Eso me toma mucho tiempo y siempre busco la manera de aplazar esta tarea. Bueno, tal vez tú lo veas como algo sencillo, pero mi escritorio posee un archivo el cual tiene documentos que hay que archivar y actualizar y tomar tiempo para eliminar aquellos documentos que así lo requieran. Además, siempre sale uno que otro recuerdo que te detiene a revivir momentos vividos.

Me pregunto, ¿Cuántas veces al año, al mes, a la semana, o al día hacemos un inventario de nuestras vidas? Anda, atrévete, revisa cuánto ha crecido tu fe, tu amor, tus dones. Sabes, para colocar nuevos inventarios a mi archivo, me vi en la obligación de desechar otros. ¿Qué cosas de nuestras vidas tendremos que eliminar para que seamos llenos de su presencia? Hay que deshacernos de: odios, rencillas, falta de perdón, orgullo y de cada fruto de la carne que desea tomar control de nuestras vidas.

Yo, ya estoy haciendo un inventario. Estoy llenando mi vida de cosas nuevas desechando otras que no aportan nada para mi vida. Sé que Dios desea bendecirnos, pero tenemos que tener "nuestros archivos" preparados para recibir su bendición.

Recuerda, Dios no pone vino nuevo en odres viejos, porque el vino nuevo rompe los odres, el vino se echa a perder. Te invito. Atrévete. Haz tu inventario. Éxito en tu meta.

Hablando con el Alfarero

Espíritu de Dios, tú que conoces mis más íntimos pensamientos, examina y ayúdame en mi inventario. Elimina las actitudes que no te agradan para que estas sean sustituidas por tu fruto. En el nombre de Jesús. Amén.

Cinceladas del Alfarero

Después de haber orado y dejar que el Espíritu Santo te haya mostrado aquellas áreas de tu vida que debes eliminar, preséntaselas al Señor en adoración para que Él pueda crecer en ti.

Listado de las que cosas que voy a decomisar (eliminar):

1. _____

2. _____

3. _____

4. _____

Mis Lirios

Texto: *Habacuc 2:3 "Aunque la visión tardara aun por un tiempo, más se apresura hacia el fin, y no mentira; aunque tardare, espéralo, porque sin duda vendrá, no tardará"*

Hoy después de mucho tiempo decidí trabajar en mis tiestos. Digo tiestos porque a consecuencia de la sequía mis lirios se fueron secando. Uno en específico, para mí, había muerto por el calor. No había lugar que lo cambiara para evitarle el calor que no viera como moría lentamente. Fue por eso que lo dejé arrinconado. Entendí que su muerte era inminente. Decidí utilizar el tiesto para otra planta, ya que la tierra era buena. Cuál fue mi sorpresa que debajo de todas las hojas y tallos secos comenzaba a surgir nuevas plantas. Nuevos bulbos con hermoso verdor. Sonreí de satisfacción, y vino a mi mente el siguiente pensamiento.

Cuántas veces hemos pensado que nuestros deseos y sueños han muerto en medio de la sequía de nuestras vidas. Cuantas veces arrinconamos en una esquina nuestros sueños y metas. Pensamos que nuestras oraciones no han sido escuchadas. Que al igual que mi tiesto están en el olvido y sin contestar. Pero, de repente, comienzan a surgir nuevos renuevos que te dicen que todavía hay vida en medio de tu sequía, que tus oraciones están comenzando a brotar porque la semilla fue sembrada en buena tierra y dará el fruto esperado.

Que el calor te ha abatido, pero no pudo matar la raíz porque descansamos en la raíz de Isaí (Jesús), por tanto, surgirán nuevos renuevos, independientemente, de cuánto te halla lastimado el sol, o la sequía. Comienza a sacar la hojarasca de tu vida, los tallos secos y a mirar los bulbos que están a punto de nacer. No te enfoques en lo seco. Enfócate en la vida que resurge. Recuerda que pronto amanecerá tu justicia.

Hablando con el Alfarero

Señor, cuántas veces he pensado que mis sueños, y mis deseos se han muerto en medio de las pruebas que han tocado mi vida. Hoy te pido no solo que las revivas en mí, sino que aumentes mi fe hasta que vea tu propósito cumplido en mí. En el nombre de Jesús. Amén.

Cinceladas del Alfarero

Mi mayor sueño es:

_____

_____

Y sé que lo veré cumplido de acuerdo a su voluntad.

Amén.

Pájaros

Texto: *Salmo 32:7b "... con cánticos de liberación me rodeará"*

Recuerdo de niña los pájaros de colores que había en mi hogar. Mami les abría la jaula y ellos revoloteaban por toda la casa hasta cansarse. Cuando esto ocurría, ellos regresaban a su jaula en busca de agua fresca, comida y hasta se bañaban en un envase provisto. En las noches se les ponía un paño sobre la jaula para que las luces de la casa no molestaran su descanso. No solo aprendí a amarlos, sino que me encantaba pasar tiempo observándolos.

Gracias a esta experiencia crecí con la idea que para que un hogar estuviese completo tenía que tener pájaros de colores. Tiempo atrás una amiga me regaló sus "love birds". Que gran emoción experimenté. Siempre había deseado tener pájaros en casa, pero, por algún motivo, nunca había decidido llevarlos a casa.

La conexión entre nosotros se dio muy rápida. Llegué a familiarizarme con sus cánticos. Podía identificar cada cántico, y qué ellos deseaban comunicar.

Miguel, mi hijo, en esta época todavía vivía conmigo y por razones que desconozco, él no se llevaba con los pájaros.

Una tarde al llegar de mi trabajo, los pájaros formaron un alboroto. Su cántico era, para mí, dándome una queja. Algo había ocurrido y sabía que mi hijo estaba envuelto. Me dirigí a su habitación y toqué fuertemente a la puerta de su cuarto. Al salir le pedí una explicación. Sabía que algo les había hecho a los pájaros y yo necesitaba una explicación.

El (mi hijo) guardó unos segundos de silencio ante mi exigencia. Miró a los pájaros. En su asombro me dijo que no podía creer que los pájaros me hablaran. No le quedó opción, tuvo que dar explicaciones, él, sin querer, había tumbado las jaulas.

He aquí la enseñanza que este evento trajo a mi vida. No importa lo que ocurra, CANTA. Si yo reconocía lo que el cántico de mis aves quería expresar y corrí a su llamado, cuanto más nuestro padre celestial sabe de qué cosas tienes necesidad.

Que tu cántico suba hoy como olor grato a su presencia. Canta hasta que llegue a tu vida el oportuno socorro. Canta hasta que veas, a tus familiares a los pies de Cristo. Canta hasta que vea las respuestas a tus oraciones. Canta creyendo que, si él cuida de las aves, cuidará también de ti. No dejes que las circunstancias apaguen tu voz. Nacimos para adorar.

Hablando con el alfarero

Señor, en muchas ocasiones han tratado de silenciar mi cántico. Hoy rodéame con cántico de liberación para adorarte. En el nombre de Jesús. Amén

Cinceladas del Alfarero

Piensa, ora, y pídele al Espíritu Santo que te traiga a la memoria el cántico que El (Dios) desea que tú entones hoy. ¿Cuál cántico vino a tu memoria?

_____

_____

No pierdas el tiempo comienza a entonarlo.

Piezas de barro

Texto: *Salmo 95: 7b- 8a "Si oyereis hoy su voz no endurezcáis vuestro corazón..."*

Siempre me han gustado las manualidades. Fue, por eso, que decidí aprender a trabajar la cerámica. Trabajaba las piezas en crudo y aún recuerdo la sensación que el barro dejaba en mis manos. La artesana que me daba las clases me indicó que aún el polvillo que le quitábamos a la pieza para que esta (la pieza) se viera mejor, también serviría para suavizar nuestras manos.

Me asombré al pensar que algo que para mí era sucio e inservible puede ser utilizado para suavizar nuestras manos. Después de cada clase yo frotaba mis manos una con la otra, solo para sentir la suavidad que se había quedado en mis manos después de trabajar con el barro. Estas escenas trajeron mi vida un aprendizaje que deseo compartir con ustedes.

Dios pone en nuestras manos diferentes situación de vida. Las cuales yo las llamaría piezas. En cada situación puedes sentarte a escuchar las indicaciones del maestro. El no intervendrá, solo dará la clase. A ti y a mí nos toca aplicar las instrucciones. Estas instrucciones ya fueron dadas a través de su palabra cuando dijo: "Si oyereis hoy su voz, no endurezcáis vuestros corazones..."

Cuando el maestro da la clase y no seguimos su voz, la pieza no queda igual. El barro se endurece y nuestras manos no se suavizarán. Dios desea suavizar tu vida. Quizás piensas que solo te estás ensuciando con el barro, pero cuando hayas terminado la clase, el barro estará más blando. Tu corazón será más sensible a su voz.

No sé qué pieza de tu vida tienes hoy en tus manos para ser moldeada; pero recuerda que, si sigues sus instrucciones, tu corazón será más sensible a su voz. Su voz siempre te llevará a la victoria.

Hablando con el Alfarero

Señor, hay piezas de mi vida que deseo entregarte hoy. Deseo que tú las tomes en tus manos y le des forma. Hoy no deseo hacer mi voluntad, sino la tuya. Deseo ser sensible a tu voz. Ayúdame a escuchar tu voz. En el nombre de Jesús. Amén.

Cinceladas del Alfarero

¿Has creado algo con tus manos? Sé que sí, todos alguna vez hemos hecho alguna manualidad. Trata de revivir ese momento que terminaste la obra.

¿Cómo te sentiste?

_____

_____

¿Alguna vez has deseado enseñar a otros lo que tú sabes hacer con tus manos?

_____

_____

¿Cómo te has sentido en el proceso de enseñar a otros?

_____

_____

Hoy, ¿Qué áreas de tu vida crees que deberías entregarle al Señor para que Él trabaje con tu vida?

_____

_____

_____

_____

Pensamientos de Bien

Texto: *Isaías 55:8 "Porque mis pensamientos no son vuestros pensamientos, ni vuestros caminos, mis caminos, dijo Jehová."*

Qué difícil es saber lo que Dios desea de nuestras vidas, sobre todo, cuando todo está en orden y viene un viento contrario y lo desorganiza todo. Ves todo perdido. Es, entonces, que surge un clamor, un quebranto dentro de tu ser y comienzas como Jacob a pelear la bendición. Es, en este momento que, aunque estás en el valle de sombras de muerte y tus ojos no pueden ver la Canaán prometida, Dios habla a tu espíritu y te susurra "detente". Los pensamientos que tengo para ti son pensamientos de bien y no de mal. Quédate quieto(a) y verás cómo las aguas que se han salido de su cauce volverán a su lugar y todo estará bien.

Su voz inunda tu ser de una paz inexplicable. Que, aunque tus ojos de tanto llorar no pueden ver la Canaán prometida comienzas a creer. No sé por cual situación estés pasando, ni cuán oscuro sea tu día, pero sí sé que lo que Él prometió, lo hará y aunque no de la forma que planeamos, ya que sus pensamientos son más altos que los nuestros. Puedes descansar y confiar en Él, pues te dará lo que te prometió en su tiempo.

Hablando con el Alfarero

Señor, cuántas veces mis pensamientos y otras voces no me han dejado escuchar tu voz. Hoy necesito que afines mis oídos a tu voz. Que me des el discernimiento para saber cuál es el camino correcto que me llevará a tomar posesión de la Canaán que me has prometido. En el nombre de Jesús, Amén.

Cinceladas del Alfarero

Lo que Dios habló a tu vida, lo cumplirá no importa cuán oscura sea tu noche. ¿Qué te prometió Dios?

_____

_____

_____

_____

Enfócate en sus promesas, no en la prueba.

4to Cántaro de Milagros

Texto: *1 Reyes 18:34 "Y dijo: Llenad cuatro cántaros de agua, y derramadla sobre el holocausto y sobre la leña. Y dijo: Hacedlo otra vez; y otra vez lo hicieron. Dijo aun: Hacedlo la tercera vez; y lo hicieron la tercera vez"*

En esta porción bíblica vemos a Elías retando a los baales (ídolos del pueblo fenicio) Tenía que fuego del cielo, pero he aquí un evento peculiar. En esta escena no hay un cántaro sino, cuatro.

Elías era portador de la gloria de Dios, pero en este evento Él no estaba solo. Existían cuatro más que estaban junto a Él. Estos fueron los que derramaron cántaros de agua sobre el holocausto para que el pueblo viera la como descendía la gloria de Dios y quemaba el holocausto.

Qué detalle tan interesante. En varias ocasiones Elías se sintió solo, pero si observas bien Dios siempre puso a su lado gente para que le levantaran las manos.

Jesús, a pesar de que era Dios y no comparte su gloria con nadie, nunca trabajó solo. El siempre deseó darnos ejemplo en todo y con sus acciones nos enseñó que los portadores de gloria para ver milagros tienen que trabajar en equipo.

Además, del pueblo allí reunido con Elías, hubo cuatro que trabajaron en equipo y fueron cántaros de milagros. Estos fueron los cántaros que provocaron que la gloria derramada fuera tan grande que se incendió el altar del holocausto.

Los que anduvieron con Jesús, fueron partícipes de los milagros realizados por El. Ellos fueron cántaros de milagros, en diferentes estampas bíblicas y, aunque en un momento abandonaron a Jesús, en otras trabajaron en equipo.

Los cántaros de milagros trabajan en equipo para el engrandecimiento del reino. ¿Deseas ser cántaro de milagros? Sencillo, trabaja en equipo.

Prohibido Olvidar

Texto: *Número 10: 29-31 "Entonces dijo Moisés a Habab, hijo de Raquel madianita, su suegro: Nosotros partimos para el lugar del cual Jehová ha dicho: Yo os la daré. Ven con nosotros, y te haremos bien; porque Jehová ha prometido el bien a Israel. Y él le respondió: Yo no iré, sino que me marcharé a mi tierra y a mi parentela. Y él le dijo: Te ruego que no nos dejes; porque tú conoces los lugares donde hemos de acampar en el desierto, y nos serás en lugar de ojos."*

Hoy estoy de celebración. Sé que muchos se sorprenderán y tal vez me criticarán, pero les pido que terminen de leer y podrán opinar.

Estaba meditando en el libro de Números 10:31 donde Moisés le pide a Hobab que lo acompañe porque él (Hobab) conoce el desierto. Moisés sabía que un conocedor del desierto lo llevaría por un camino seguro y no morirían en el desierto.

De momento detuve mi reflexión y cruzó por mi mente un pensamiento. ¿Qué día es hoy? Obvio me contesté, hoy es sábado. La pregunta volvió a mi mente y la contestación fue diferente, es 3 de octubre. Me reí a carcajadas. Dios ha pasado 30 años de uno de los días de mayor quebrantamiento en mi vida. Hace 30 años entré a uno de los tantos desiertos que el Espíritu Santo me ha llevado.

¡Ah! Pero antes de continuar deseo aclarar que hace tiempo que salí de ese desierto, pero no podré olvidar la gloria, la presencia, la fortaleza y el cuidado que Dios tuvo en ese proceso de mi vida. No solo estuvo conmigo sino también con mis hijos.

Si, ya deben imaginarse. Hoy es mi aniversario de divorciada, pero también el aniversario de que Dios me dijo "no te dejará, ni te desamparará." (1Cronicas 28: 20

Cómo olvidar los momentos en que creía desfallecer y Dios se hacía presente dándome fortaleza. Cómo olvidar los momentos en que no hubo nada en la alacena y Dios no envió cuervos... pero nunca faltó la comida. Cómo olvidar cuando creí que Dios estaba lejos y alguien me traía una palabra de aliento. Cómo olvidar el huracán Hugo y mi hogar no era seguro y alguien abrió las puertas de su hogar para mis hijos y yo la pasáramos seguro. ¡Ah!, y también aquellos que durante el temporal me proveyeron agua y comida. Cómo olvidar que cuando no hubo dinero para comprarle ropa a mis hijos, Dios tocaba a alguien y me traía ropa para ellos y no usada sino nueva. Cómo olvidar que hizo provisión para diversiones y nos fuimos al parque de diversiones Disney. Cómo olvidar que fue cambiando toda lágrima en alegría. Cómo olvidar que muchos me dejaron en el camino pensando de mí... no importa. Dios no me dejó, ni me abandonó y solo tuvo para mi pensamiento de bien y no de mal.

Hoy veo el camino recorrido y los diferentes desiertos que se unieron a este, pero puedo decir a viva voz "Ebenezer, hasta aquí me ayudó Jehová." Hoy doy gracias porque cuando alguien llega a mi vida y ha entrado en el desierto del divorcio puedo decirle: "no morirás, sino que vivirás" y convertirme en sus ojos para que pueda cruzar el desierto. He pasado diferentes desiertos y sé que pasaré otros más. No sé cuáles son tus desiertos, pero Dios te está dando una nueva visión para que, en la travesía de otros, tú te conviertas en los ojos de ellos y le ayudes a atravesar el desierto.

¡Gózate! Que Dios se hace presente. ¡Ah! Y puedes celebrar conmigo o criticarme.

Hablando con el Alfarero

Gracias Señor, por los desiertos que he vivido. Estos no solo me han acercado a ti y me han hecho fuerte, sino que me han dado las herramientas para ayudar a otros en sus desiertos. Gracias porque he podido ser los ojos de otros para que puedan caminar en el desierto. En el nombre de Jesús, Amén.

Cinceladas del Alfarero

Dios me está dando visión en mi desierto. Mi desierto es:

_____

Resurrección

Texto: *Juan 11:25 "...Yo soy la resurrección y la vida; el que cree en mí, aunque esté muerto, vivirá".*

Volvieron a florecer, sí mis lirios volvieron a florecer. Al llegar mi nieta y debido a los cuidados que esta requería, había descuidado mi jardín. Entonces decidí dedicarles más tiempo, ¡ah! y hablarles. Se veían como si fueran a morir. No fueron solo los lirios sino también mis matas de pascuas se veían descuidas y moribundas.

Hoy, al salir al patio, no solo los lirios habían florecido, sino que la Pascua tiene renuevos. Una vez más me sorprende la naturaleza con el detalle simple de florecer. Lo hermoso o lo particular es que lo hicieron justo en la semana que se celebra la muerte y resurrección de Jesucristo. Mis plantas tenían muchas hojas secas, pero hoy puedo decir que una vez más volvieron a resucitar.

En nuestra vida espiritual tenemos muchas peticiones delante de la presencia de nuestro Señor que, al igual que mis plantas, creemos que no han sido escuchadas. En ocasiones creemos que están en estado de descomposición. Cuando nuestras peticiones suben ante su presencia y reciben el toque de la mano del maestro; estas vuelven a vivir. En Él está la vida, es, por eso, que aquellas peticiones que creemos muertas ante su toque cobran vida.

Si llevaste tus peticiones ante el trono de su gracia y las mismas han sido rociadas con la oración, confía y espera. Estas peticiones no están muertas porque El venció la muerte. Un día cuando menos lo esperes, verás cómo han florecido.

Quizás has pensado que Dios no ha tenido en consideración tus peticiones, pero un día al salir a tu jardín te sorprenderás de cómo han sido contestadas tus peticiones.

Hablando con el Alfarero

Señor, hoy voy ante tu presencia, primeramente, pidiéndote perdón por creer que no escuchabas mis oraciones. Que estaban en el olvido y sencillamente era que estabas o estás trabajando sobre ellas. Segundo, deseo pedirte en tu misericordia que en el proceso de la espera me fortalezcas en lo que llega el cumplimiento de las mismas. En el nombre de Jesús, Amén

Cinceladas del Alfarero

Te invito a que busque en tu biblia el pasaje relacionado sobre la resurrección de Lázaro que se halla en el evangelio de Juan capítulo 11. Observa detenidamente los vs. 32-35 ¿Qué cualidades de Jesús puedes señalar que vemos a través de la lectura de estos textos?

_____

_____

¿Podrías creer que el mismo Jesús que se conmovió ante la tumba de Lázaro, se conmueve ante tu petición?

_____

_____

A continuación, te proveo una serie de lecturas para que medites en ellas.

*Salmo 3:4

*Salmo 4:3

*Salmo 22:5

*Salmo 34: 6

*Salmo 34:7

Espero que después de haber meditado los textos arriba expuestos puedas, estar más confiado (a) de que Dios está escuchando tu petición.

Pedazos

Textos: *Jeremías 18:4 "Y la vasija de barro que él hacía se echó a perder en su mano; y volvió y la hizo otra vasija..."*

Me encanta tomar mis bebidas en vasos de cristal. De niña recuerdo que el envase de guardar el agua en la nevera era en cristal. Creo que todos sabemos que de acuerdo al envase puede variar el sabor de la bebida. Es, por eso, que pienso que me gusta tanto tomar el agua en vasos de cristal.

Ahora bien, existe un pequeño problema. Tengo, creo que un don o una habilidad como usted desee llamarlo, de que las cosas se me rompan con facilidad. Es algo inevitable, pero sigo comprando cristal. Hay momentos que me he frustrado porque ni siquiera es que se me cae de las manos, es que ocurre por accidente. Allí está la pieza en el piso y yo, recogiendo sus pedazos. Bueno, por lo menos tengo una ventaja; ya nadie me regaña.

Mientras venía a mi mente las múltiples escenas de dicho acontecimiento, recordé una escena bíblica. Sí la del alfarero. Lo hermoso de este pasaje es que El volvió a reunir todas las piezas y con las mismas piezas volvió hacer una mejor. A veces nos caemos de sus manos (de las manos del Señor) y como somos piezas frágiles nos rompemos. Lo más que me gusta de esta escena es que Dios no buscó barro nuevo, sino que con la pieza rota hizo una vasija mejor. Yo recojo las piezas rotas y las desecho. Ya no sirven, pero el Señor cogió mi vida en pedazos y está formando una mejor vasija para su gloria. Si sientes que tu vida está en pedazos y que hay cosas que ya no tienen remedio, entrega esos pedazos al alfarero. El con tus ruinas hará milagros. Yo lo he hecho y he visto su gloria.

Hablando con el Alfarero

Señor, hoy solo deseo darte las gracias porque cuando mi vida estaba hecha pedazos, tú tomaste mis pedazos e hicisteis una vasija nueva. En el nombre de Jesús. Amén.

Cinceladas del Alfarero

En el espacio provisto te invito a dibujar una vasija. Mientras la dibujas, recuerda que él hará de ti una mejor vasija. Dios te bendiga.

Provisión

Texto: *Efesios 3:20 "Y aquel que es poderoso para hacer todas las cosas mucho más abundantemente de lo que pedimos o entendemos, según el poder que actúa en nosotros."*

Hoy comienzo con una sonrisa. De esas que te hacen reír. Dicen que el que se ríe solo de sus maldades se acuerda, pero esta vez no es así. Les contaré algo que me ocurrió hace dos días atrás. Llevo casi 6 años trabajando a tiempo parcial dos veces al año administrando pruebas en diferentes colegios. Esto hace que conozca la dinámica particular de cada escuela, incluyendo la empleomanía y el estudiantado.

Me preparo para laborar. Algunos colegios tienen atenciones particulares y nos dan almuerzo. En otros, ya saben, uno pasa desapercibido. No mencionaré el colegio, pero el que me disponía a visitar era uno de esos que utilizan el método "resuélvetelas como puedas."

Perfecto, yo he aprendido a "arar con los bueyes que se tienen." Como conocía el lugar, me hice provisión de algo ligero para almorzar para no gastar ni salir de la escuela. Como imaginarán, el día comenzó con unos cuantos traspiés, pero Dios me mantuvo en calma y nada me afectó.

De momento, mientras administraba las pruebas, tocan a la puerta. Al abrirla, un delicioso café acompañado de una rebanada de pan con mantequilla. Me sorprendí, di las gracias y me dispuse a merendar.

Continué mi labor y trabajé de corrido, por lo cual no tuve hora de almuerzo. Alrededor de la 1:00 p.m., cuando me iba a despedir, me preguntaron si había almorzado. Respondí que no, que había traído algo ligero. Es aquí que comienza lo bueno. Me trajeron un rico arroz con costillas deshuesadas y ensalada de coditos. Tuve que sonreír. Yo hice provisión, pero Dios tenía un banquete mayor para mí.

Sé que muchas veces nos pasa igual en nuestra vida espiritual. Hacemos provisión y creemos que esa es la bendición del día, pero Dios nos sorprende con un banquete espiritual.

Me encantan los de repentes de Dios. Cuando El decide verte y decirte "en lo poco fuiste fiel, en lo mucho te pondré." Confía que, la recompensa y su provisión está cerca. Lo que, aparentemente, era un almuerzo ligero, Dios lo convirtió en un banquete.

No sé cuánto tiempo llevas esperando que Dios te sorprenda con un milagro, ni cuántos traspiés espirituales hayas tenido. Te aseguro que de la misma manera que yo no esperaba recibir tantas atenciones en ese colegio, Dios está atendiendo tu oración. Cuando menos lo esperes tu banquete llegará y sonreirás conmigo.

Hablando con el Alfarero

Gracias Señor, porque tú eres quien sirve a la mesa y siempre hay un manjar para nuestras vidas. En el nombre de Jesús, Amén.

Cinceladas del Alfarero

Recuerda algún momento en el que Dios te haya sorprendido. Compártelo.

_____

_____

_____

_____

5to Cántaro del Quebrantamiento

Texto: *Eclesiastés 12:5 "cuando también temerán de lo que es alto, y habrá terrores en el camino; y florecerá el almendro, y la langosta será una carga, y se perderá el apetito; porque el hombre va a su morada eterna, y los endechadores andarán alrededor por las calles;"*

En este capítulo, Salomón se refiere cuando nos aquejan los males de la vida adulta. Nos está exhortando, a través de todo el libro, a que aprovechemos nuestra juventud, pero, al acércame al texto sentí que Dios me dirigía aquellos que alguna vez hemos sido quebrantados. Podría asegurar que hay jóvenes que han deseado vivir tanto que su vida ha envejecido atrapados en cuerpo de joven y adultos que han sido buenos mayordomos de su vida y tienen un espíritu rejuvenecido en un cuerpo de adulto.

Esta estampa bíblica nos desea recrear cuando el quebrantamiento ha trastocado nuestras vidas. Saben todos, incluyendo al maestro, hemos sido procesados por el quebrantamiento. En nuestro caminar hemos sentido de cerca la traición, el abandono, la soledad, la incomprensión. Sencillamente hemos sido quebrantados.

Cuando entramos al proceso del quebrantamiento, Dios nos está dando una nueva forma, aquella que, según

Él, le pareció mejor. Tomó nuestra vasija de barro y la devolvió, no al horno, sino a la rueda. Es en el quebrantamiento que Dios nos está dando el carácter de Cristo.

Es necesario pasar por el quebrantamiento para que cuando tu cántaro sea expuesto otros vean en ti SU GLORIA. Resiste te están formando.

En muchas ocasiones seremos cántaro de quebrantamiento.

Quebrantamiento

Texto: *Isaías 10:27 "El yugo se pudrirá a causa de la unción"*

Recordaba un domingo en la noche. Tendría alrededor de 16 años. Como mujer y adolescente, me gustaba ir bien vestida y adornada a la iglesia. Había una parte en el devocional que íbamos al altar a presentar nuestras peticiones. Cuando voy arrodillarme en el altar, el collar que traía puesto se rompió y todas las perlas rodaron por el altar y sus alrededores. Rápidamente, recogí todo lo que se desparramó. Oré. Dejé mis peticiones en el altar y volví a mi lugar.

Me pregunté por qué se rompió si el collar era nuevo. Entonces entendí que el cordón que unía cada piedrecita, estaba podrido. Yo sabía que, posteriormente, podría arreglar el collar, pero ya no sería igual. Cada perla cambiaría de lugar. Las mismas perlas, pero no el mismo orden. No estaría en su posición original.

En nuestra vida espiritual es igual. Hay momentos que, por causa de la unción o llamado, Dios nos quebranta, nos rompe. Muchas veces estos quebrantamientos nos duelen, pero son necesarios, para nuestro crecimiento y el de otros.

Si has ido ante su presencia exponiendo tu petición o te presentas hoy ante su altar y sientes que te están rompiendo. No te desanimes. Recoge las perlas que has desparramado ante su presencia (que son tus peticiones), porque, aunque el proceso es doloroso es necesario para darte nueva forma.

Ninguna de las perlas que se desparramaron aquella noche se perdió. Tus oraciones como piedras preciosas están ante su presencia; aunque las veas desparramadas, no están olvidadas. Él (Dios) las tiene en su redoma (vasija de vidrio) dándole nueva forma.

Hablando con el Alfarero

Señor, aprendí que para que haya unción, tiene que haber quebrantamiento en nuestras vidas. Entiendo que una vez que pasamos por el proceso del quebrantamiento nuestras vidas jamás serán iguales. Hoy te pido que en medio de este proceso me fortalezcas. En el nombre de Jesús. Amén

Cinceladas del Alfarero

Haz una marca de cotejo (/) aquellas palabras que puedes relacionar con tu proceso de quebrantamiento. Si deseas puedes añadir otras que tú entiendas que describen tu proceso.

___Perlas ___Fe ___ Cambios
___Oración ___Perdida ___Gozo
___Dolor ___Esperanza ___Fortaleza

Te invito a meditar en aquellas palabras que seleccionaste y pienses cómo las mismas se relacionan en tu proceso de crecimiento. Si lo deseas, en el espacio provisto escribe unas líneas sobre lo que descubriste.

_____

_____

_____

_____

_____

_____

_____

Regreso a casa

Texto: *Juan 14:6 "yo soy el camino, la verdad, y la vida, nadie viene al padre si no es por mí."*

Ocurrió una tarde de verano. Yo tenía alrededor de 8 años y Junior (mi hermano) unos 10 años. Vivíamos en la finca del abuelo. Abuelo era el mayordomo del cañaveral y su finca colindaba con el cañaveral. Existía una vereda que desde la casa conectaba al cañaveral.

Mami tenía por costumbre que cuando desayunábamos nos enviaba al patio. Allí jugábamos de todo. Baloncesto, pelota, tira y tapate, al esconder. Subíamos árboles, etc. Pero aquel día en específico estábamos aburridos de hacer lo mismo. Fue entonces que Junior tuvo una brillante idea, y yo lo seguí.

Sabíamos que nadie notaría nuestra ausencia, por tanto, decidimos dar una vuelta por el cañaveral. Todavía tengo las imágenes frescas del camino recorrido. Por el cañaveral. Dentro del cañaveral hay muchas sendas ya que está dividido por secciones. Entiendo que estas sendas se crean para facilitar el corte de la caña. Corrimos, jugamos y nos perdimos. Regresar fue sumamente angustioso. No solo porque estábamos perdidos, sino que también estábamos agotados del camino.

En nuestra vida ocurren elementos similares. En muchas ocasiones nos vamos de casa. Me refiero que nos vamos de la casa de nuestro Padre Celestial. Andamos por nuestras propias sendas. Creemos que todo está bien, pero un día despertamos a la gran realidad de que estamos perdidos en el camino.

Junior y yo, nos detuvimos a mirar y a decidir qué camino nos llevaría de vuelta a casa. ¿Saben?, todas las sendas eran iguales, pero no todas nos llevarían de vuelta a casa. Igual nos pasa a aquellos que una vez nos hemos ido de nuestra casa celestial. Nos detenemos y vemos que estamos lejos del hogar. Es, en ese momento, que resurge esa única e inconfundible voz que nos dice "yo soy el camino". Está de nosotros seguir su voz y llegar a casa por el camino que ya El (Jesús) trazó o seguir perdidos dentro del cañaveral de tu vida.

Esa tarde después de miles de trabajos, angustias y frustraciones llegamos a casa. Mami nunca se enteró. El camino corrido nos enseñó a no volver al cañaveral. Estábamos seguros en casa. ¿Y tú estás seguro en casa?

Hablando con el Alfarero

Señor, gracias por mostrarme que tú eres el camino y traerme devuelta a casa. En el nombre de Jesús. Amén.

Cinceladas del Alfarero

Cuando estés necesitado de que Dios te muestre el camino lee el Salmo 32: 6-8. Según esos versos, ¿Qué hará el Señor contigo?

_____

_____

_____

_____

Sanidad

Texto: *Deuteronomio 31:8 "Y Jehová va delante de ti, El estará contigo, no te dejará, ni te desamparará."*

¡Cómo olvidar la mano poderosa de Dios interviniendo en mi vida y en la de mis hijos! Uno de mis hijos es asmático, Miguel. Recuerdo que un domingo en la tarde le dio uno de tantos episodios de asma y como ocurría tantas veces sabía que tenía que correr.

Yo vivía en aquel entonces en Malpica, Río Grande (un campo de mi isla). El hospital más cercano era en Canóvanas (pueblo más cercano del lugar en que me hallaba). Me preparé lo más rápido que pude. Soy una madre que ha criado a sus hijos sola, así que como comprenderán, todos teníamos que ir para el hospital. No existían celulares por lo cual no podía llamar a nadie, pero sí podía clamar y rogar por un milagro.

Cuando íbamos de camino, Miguel comenzó a convulsar. Dentro de mí solo surgió un clamor, un ruego, una súplica. Una vez más dependía de una intervención divina. Llegué a la sala de emergencias y, como es costumbre, las enfermeras hacen el famoso protocolo de información para atenderte. Fue aquí es donde se complicó la situación. Ellos me indicaron que por mi dirección tenía que ir a Fajardo (pueblo mucho más lejano de dónde me hallaba). Les expliqué que mi hijo no llegaría vivo a Fajardo. Su actitud era intransigente.

Mi clamor aumentó. El Salmo 42 se hizo parte de mí en ese momento. Cuando me disponía a irme, de adentro de la sala de emergencia se oye una voz que dijo: "Nitza, ¿Qué haces aquí?". En ese momento las enfermeras cambiaron de actitud. Yo no entendía el porqué del cambio. Yo estaba sumergida en mi clamor y en mi angustia. La reconocí.

Sus padres fueron vecinos de mi tía toda la vida. ¡Ah! y ellos eran los únicos a los que le permitía que me dijeran Nixin, pero ella no dijo eso a las enfermeras. Les dijo: "pásenme ese niño. Ella fue mi maestra de escuela bíblica." Yo no me había percatado que ella era la doctora de turno. Demás está decirles que hubo un cambio radical. No solo con Miguel, sino que me ayudaron con mis otros dos hijos.

Al pasar las semanas después de ese evento, vuelvo a encontrarme a la doctora y le doy las gracias por su ayuda. Mi asombro fue mayor porque aquella semana de mi necesidad fue su última semana en ese hospital. Aprendí una lección maravillosa. Como nunca antes vi la poderosa mano de Dios obrando a mi favor. Una vez más vi como Dios hizo provisión a mi necesidad. No sé por lo que estás pasando, pero sí sé que Dios ha trazado un plan para tu milagro.

Hablando con el Alfarero

Gracias Señor, porque cuando creemos que todo ha terminado, tú tienes una puerta que se abre. Tu usas gente para bendecirnos y para que veamos tu gloria. En el nombre de Jesús. Amén.

Cinceladas del Alfarero

Comparte un momento de tu vida en que todo lo veas obscuro. Que todas las puertas se cerraron, y de la nada todo se solucionó.

Tiempo con mi nieto

Texto: *Proverbios 22:6 "Instruye al niño en su camino, y aun cuando fuere viejo no se apartará de él."*

Como en muchas ocasiones, me levanté de madrugada para presentarme ante la presencia del Señor. Deseaba una vez más presentar ante la consideración del Todopoderoso aquellas peticiones de mi corazón. Que para mí eran urgentes. Día tras día presentaba una serie de ruegos y le suplicaba al Señor que me hablara. Necesitaba escuchar su voz. Muy dentro de mí y como un silbido apacible sentí esa voz interior, la cual sabemos que es la voz del Espíritu Santo, que me hablaba. Esa voz que me da paz y te guía, pero aun así le pedí que me confirmara. Necesitaba estar segura que era su voz y no lo que yo deseaba escuchar. Dios no se tardó en confirmarme lo que me había hablado. Esta vez su voz vino a mi vida de la forma menos esperada y más rápido de lo usual.

Arian, mi nieto, llegó ese día, me tocaba cuidarlo. Jamás pasó por mi mente que sería el instrumento que Dios utilizaría para hablar a mi vida. Mi nieto y yo acostumbramos a realizar el altar familiar. Me había dado a la tarea de enseñarle a mi nieto cómo manejar la Biblia. Yo le decía un pasaje, y él lo buscaba y lo leía, pero algo diferente ocurrió esa mañana. Al reunirnos para tener nuestro devocional, Arian me pidió que invirtiéramos los papeles. El diría el texto, yo lo buscaría. Lo observé y me dije: "esa no es la idea" pero como conozco a mi nieto y sé que por su corta edad (8 años) necesita variar la actividad, decidí someterme sin saber, ni imaginar lo que Dios estaba a punto de realizar. Con su alegría contagiosa y su forma única de ser, me indicó que buscara la porción bíblica que está en Mateo 7:11: "Pues si vosotros, siendo malos, sabéis dar buenas dádivas a vuestros hijos, ¿Cuánto más vuestro Padre que está en los cielos dará buenas cosas a los que le pidan?"

Grande fue mi asombro al leer esta parte de la escritura. La miré y le dije: Arian, Dios te acaba de usar para hablar a mi vida." El abrió sus ojos y emocionado me indicó que ahora él tenía que buscar Lucas 12:30 y leyó "Porque todas estas cosas buscan las gentes del mundo; pero vuestro Padre sabe que tenéis necesidad de estas cosas." Vuelvo y abro los ojos y le digo: "Dios te volvió a usar para confirmar lo que antes ya había hablado a mi vida."

Aprendí una gran lección. Dios utiliza el instrumento que Él quiera para hablar a nuestras vidas porque El desea que escuchemos su voz entre miles de voces. Detente, medita y espera, Dios desea hablar a tu vida y lo hará de la forma menos esperada.

Hablando con el Alfarero

Señor, abre nuestros oídos espirituales para que podamos escuchar la voz del Espíritu Santo guiando nuestras vidas en los detalles más pequeños y de las maneras más sorprendentes. Amén.

Cinceladas del Alfarero

¿En qué área de tu vida necesitas que Dios te hable hoy?

_____

_____

En otras ocasiones, ¿Cómo has visto la mano de Dios guiando tu vida?

_____

_____

Tinieblas

Texto: *Salmo 119:105 "Lámpara es a mis pies tu palabra y lumbrera a tu camino"*

Recuerdo aquella noche. Llegué después de las 9:00pm. Había sido un día largo de trabajo. Al intentar encender la luz no prendió. Aparentemente la habían cortado. Yo la había pagado, pero mi cansancio era tal que me acosté. A esa hora no era gran cosa lo que iba a resolver.

Al día siguiente fui a la oficina de energía eléctrica. Llevé mis recibos para que me explicaran él porqué del corte. Grande fue mi sorpresa, porque según el sistema se supone que yo tuviese luz. No había orden de corte alguna. Entonces, ¿Por qué yo no tenía luz? No había razón. Nadie tenía la explicación. Regrese a casa y seguía sin luz.

Buscamos todas las alternativas en lo que llegaba una brigada de la Autoridad de Energía Eléctrica y nada. De momento me dio con mirar el poste del alumbrado y encontramos el problema. Se habían robado la trenza o cable que provee la energía a mi hogar para que yo tuviese luz. El proceso de reconexión duró meses ya que hubo varios daños que exigían reparación antes que volviese a tener luz. Fueron meses difíciles, pero aprendí a caminar y andar en las tinieblas.

Nuestra vida espiritual es igual. Hay un enemigo que se ha encargado de decirte que todo te va a ir de mal en peor. Te ha querido robar la paz y el gozo que solo Cristo da. Te ha cercado de tal forma que lo único que ves a tu alrededor es oscuridad, y piensas que nunca habrá un amanecer en tu vida.

Los primeros días sin luz en mi hogar fueron difíciles, pero desarrollé muchas destrezas para caminar en tinieblas de tal forma que estas, las tinieblas, no me asustaran. Aprendí a retirarme a dormir temprano, y dormía profundamente. Podía descansar porque sabía que Dios velaría mis sueños.

Las tinieblas que tal vez rodean tu vida hoy están ahí porque Dios las ha permitido. En este proceso verás como Dios te da herramientas. La luz que habita en ti te ayudará a combatir las tinieblas que hay afuera.

Después de varios meses, un día llegué y desde lejos, vi la trenza conectada a mi hogar. Sabía que ya en casa había Luz. Las tinieblas que rodeaban mi casa desaparecieron.

Igual ha pasado en mi vida espiritual cuando he sido oprimida por el enemigo y rodeada de tinieblas. He visto como Dios se ha levantado cuando ha acabado el proceso de aprendizaje. Las tinieblas que me rodeaban y oprimían mi vida han tenido que retroceder.

No te enfoques en las tinieblas que te rodean. Enfócate en la luz que vive en ti. Un día cuando menos lo esperes las tinieblas saldrán de tu vida y la luz de Cristo resplandecerá. "Humillaos bajo la poderosa mano de Dios, Resistid al diablo y de vosotros huirá." (1 Pedro 5- 6)

Hablando con el Alfarero
Señor, no permitas que las tinieblas que gobiernan este mundo apaguen la luz de Cristo que vive en mí. Gracias, porque cuando más obscuro veo el camino tu palabra aparece en mi vida para alumbrar la misma. Amén

Cinceladas del Alfarero
Puedes que estés pasando por un valle de oscuridad. Es, por eso, que deseo invitarte a meditar en el Salmo 23. Si lo haces en quietud y viendo a Jesús en cada verso sentirás como el pastor cuida tus pasos. Te ayuda a caminar a través de tus tinieblas. Luego, si deseas, comparte brevemente la experiencia.

_____

_____

_____

Tormenta

Texto: *Mateo 8: 23-27 "Y entrando él en la barca, sus discípulos le siguieron. Y he aquí que se levantó en el mar una tempestad tan grande que las olas cubrían la barca; pero él dormía. Y vinieron sus discípulos y le despertaron, diciendo: ¡Señor sálvanos, que perecemos! Él les dijo: ¿Por qué teméis, hombres de poca fe? Entonces, levantándose, reprendió a los vientos y al mar; y se hizo grande bonanza. Y los hombres se maravillaron, diciendo: ¿Qué hombre es este, que aun los vientos y el mar le obedecen?*

En mi meditación matutina reflexionaba cuando Jesús calmó la tempestad. Este pasaje me transportó a mi infancia y a las noches en las cuales había mal tiempo. Mi hermano, Junior y yo amábamos esas noches. Mi padre se encargaba de que las disfrutáramos al máximo. Papi había sido marino mercante. Había pasado muchas noches de tormenta en alta mar. Nos decía que no debíamos temer pues la tormenta, los truenos y relámpagos no nos harían daño. Que cuando se está en mar adentro entonces sí que impresiona e infunde temor.

Papi usaba esos días para mantenernos cerca de su regazo. Nos acostábamos en su cama, y nos hacía cuentos o se inventaba algún juego. Simplemente pasaba la tormenta a nuestro lado. Nosotros éramos felices, porque él nos infundía paz.

Hoy ya papi no está, pero su enseñanza de cómo pasar una tormenta está viva en mis recuerdos. De igual forma, he aprendido a enfrentar mis tormentas espirituales. Aun cuando papi no está a nuestro lado, he tenido que pasar las tormentas sin su ayuda, pero sí con lo aprendido. Esos días en los que despierto y veo mi embarcación siendo azotada por los vientos contrarios, voy al trono de la gracia para hallar el oportuno socorro. Es allí a los pies de Jesús que encuentro paz, y puedo enfrentar las tormentas espirituales que puedan azotar mi vida.

Es, en esos momentos de tormenta espiritual, que su palabra se hace más viva que nunca. Pasar tiempo en su presencia me da la seguridad que la tormenta no me dañará la embarcación, sino que me llevará a puerto seguro.

Hablando con el Alfarero

Señor, no dejes que las tormentas de nuestras vidas nos alejen de ti. Ayúdame a correr a tu regazo en medio de las tormentas que puedan tocar mi embarcación. En el nombre de Jesús, Amén.

Cinceladas del Alfarero

¿Qué te dicen estos textos referentes a tu tormenta?

Salmo 121:1-3

_____

_____

_____

_____

Salmo 120:1

_____

_____

_____

_____

Salmo 40:1-3

_____

_____

_____

_____

6to Cántaro que es Señal

Texto: *Marcos 14:13 "Y envió dos de sus discípulos, y les dijo: Id a la ciudad, y os saldrá al encuentro un hombre que lleva un cántaro de agua; seguidle"*

Los discípulos fueron enviados a buscar un hombre, el cual les mostraría dónde estaba preparado el aposento alto, lugar donde los discípulos tendrían su última cena con el maestro antes de este ser entregado. La señal era que un hombre llevaría consigo un cántaro en la mano. Los hombres no eran, en su cultura portadores de cántaros, sino las mujeres.

Lo interesante de este pasaje es que Jesús, le dio énfasis más al cántaro que al individuo. Y el cántaro que llevaba en su mano.

En esta escena el esplendor era del cántaro y no del portador del mismo. Nosotros somos cántaros portadores de su gloria, pero eso exactamente somos cántaros de señal. Recipientes en los cuales Él ha derramado de su gloria para que otros vean en nosotros manifestada su gloria.

Él ha hecho el depósito de su plenitud en nuestras vidas para que dónde nos movamos seamos señal a otros de la multi-gracia de la plenitud de Dios.

No eres cualquier cántaro, eres cántaro que le señala al mundo el camino para que puedan llegar al aposento alto y recibir su plenitud.

Recuerda Eres cántaro que es Señal. Eres cántaro portador de su gloria.

Zapatos

Texto: *Efesios 6:15: "y calzados los pies con el apresto del evangelio de la paz."*

A diferencia de la mayoría de las mujeres no me gusta ir de compras. Aprendí muy temprano que se compran tantas cosas innecesarias. Gracias a mi divorcio y a los viajes misioneros, aprendí a darle prioridad a otras cosas que no son los materiales, pero como toda mujer tengo una gran debilidad.

Me fascinan los zapatos, sobre todo, combinarlos con cartera. Cuando voy con alguna amiga o sola de "Windows" shopping, me tengo que detener a observar los zapatos en todas las tiendas. No se preocupen solo observo. No soy compradora compulsiva.

No sé si han notado que hay todo tipo de zapato. Altos, bajos, "flat", para hacer deportes, con brillo o mate, de múltiples colores, botas, sandalias, etc. El mercado está saturado de una gran variedad de zapatos. Obvio no puedo comprarlos todos. Ni los puedo usar todos a la vez.

Muchos sabemos que zapato que guardas por mucho tiempo sin el debido cuidado se daña. Hay que usarlos con frecuencia. Esto me puso a pensar.

Dios ha calzado nuestros pies con las sandalias del evangelio, pero también hay otras sandalias que Él desea que tú te pongas. Podrías hoy ponerte las sandalias del amor, del perdón, de la fe, de la paciencia, de la templanza, de la adoración, de la entrega y, sobretodo, de la obediencia.

Hoy Dios desea que vayas al escaparate de la palabra y allí en lo íntimo de tu meditación (habitación), te quites los zapatos que te están llevando por caminos equivocados como dice Proverbios 14:12 "Hay camino que al hombre le parece derecho; Pero su fin es camino de muerte."

Me viene la imagen a la mente de la quinceañera que le cambiaban las zapatillas por tacones como señal que llega una nueva etapa de su vida.

Siéntate, Dios desea cambiarte las zapatillas que ahora usas, por sandalias que te darán la victoria. Lo mejor es que no tienes que pagar por ellas. Ya Jesús pagó el precio.

Vamos piensa. ¿Qué sandalia necesitas hoy? ¡Ah! Y cuando la adquieras no la guardes en el closet. Úsalas a menudo porque zapato que no se usa se deteriora. Solo con el calzado apropiado podrías andar por el camino que ya Jesús trazó para ti.

Hablando con el Alfarero

Señor, hoy vengo ante ti para que seas tú quien me calces mis pies. Tú has trazado un camino para mí y yo usé el calzado equivocado y anduve por dónde no debería. Hoy vengo no solo para que me calces si no para que me tomes de la mano y me lleves por el camino que ya tú trazaste para mí. En el nombre de Jesús, Amén.

Cinceladas del Alfarero

¿Qué sandalias necesitas que Dios te ponga hoy? Haz una marca de cotejo (/) a aquel que necesitas.

___ Amor	___Obediencia
___Fe	___Mansedumbre
___Gozo	___Sabiduría
___Templanza	___Paciencia

Si crees que necesitas otro tipo de calzado escríbelo aquí

_____

7ma Cántaro que Suelta

Texto: *Juan 4:28 "Entonces la mujer dejó su cántaro, y fue a la ciudad, y dijo a los hombres:"*

En esta estampa Bíblica, vemos el relato de la samaritana. Muy conocido como la primera mujer evangelista. Ella corrió a los suyos y les contó cuán grandes cosas Jesús le había hablado, pero hay un detalle que me atrajo la atención, ella dejo el cántaro.

Ante las palabras del maestro la vida de la samaritana fue tocada y transformada. Ella deseaba decirles a otros cuán grandes cosas Dios había hecho en ella, pero para eso tenía que soltar, dejar aquello que evitara que ella fuera a prisa a dar las nuevas de salvación. Fue entonces que dejó el cántaro. Entonces cabe preguntarnos, ¿Qué cántaro estoy cargando que Dios desea que deje a sus pies, para que pueda ser más efectiva dentro del propósito de Dios en mi vida?

Yo deseo ser cántaro que deja. Sí, que deja los prejuicios, la falta de perdón, la hipocresía, las oraciones repetitivas sin función. Deseo ser cántaro de promesa, de luz, portador de su gloria, de milagros, de señales, pero, sobre todo, cántaro, que, con la ayuda del Espíritu Santo, deja todo aquello que me impida ver su gloria.

Soy cántaro que deja…soy cántaro que entrega.

Para contactar a la autora, o dejarnos saber
sobre usted, puede enviar sus comentarios a:
reflexiones.viader@gmail.com

Made in the USA
Monee, IL
15 October 2021

80061650R00079